# SEGURIDADE SOCIAL, PREVIDÊNCIA E SERVIÇO SOCIAL

## DESAFIOS DO TEMPO PRESENTE

EDITORA AFILIADA

**Dados Internacionais de Catalogação na Publicação (CIP)**
**(Câmara Brasileira do Livro, SP, Brasil)**

Seguridade social, previdência e serviço social : desafios do tempo presente / Ana Maria Baima Cartaxo, Maria do Socorro Reis Cabral, (orgs.). — São Paulo : Cortez, 2021.

Vários autores.
Bibliografia.
ISBN 978-65-5555-099-3

1. Previdência social - Brasil 2. Seguridade social - Beneficiários - Brasil 3. Seguro social - Brasil I. Cartaxo, Ana Maria Baima. II. Cabral, Maria do Socorro Reis.

21-73062 CDD-364.3

**Índices para catálogo sistemático:**

1. Previdência social 364.3

Cibele Maria Dias - Bibliotecária - CRB-8/9427

Ana Maria Baima Cartaxo
Maria do Socorro Reis Cabral
(Orgs.)

# SEGURIDADE SOCIAL, PREVIDÊNCIA E SERVIÇO SOCIAL

## DESAFIOS DO TEMPO PRESENTE

São Paulo – SP

2021

SEGURIDADE SOCIAL, PREVIDÊNCIA E SERVIÇO SOCIAL: desafios do tempo presente
Ana Maria Baima Cartaxo | Maria do Socorro Reis Cabral (orgs.)

*Preparação de originais*: Ana Paula Luccisano
*Capa*: de Sign Arte Visual
*Revisão*: Patrizia Zagni
*Diagramação*: Linea Editora
*Editora-assistente*: Priscila Flório Augusto
*Coordenação editorial*: Danilo A. Q. Morales



Direitos para esta edição
CORTEZ EDITORA
R. Monte Alegre, 1074 — Perdizes
05014-001 — São Paulo-SP
Tel.: +55 11 3864 0111 / 3611 9616
cortez@cortezeditora.com.br
www.cortezeditora.com.br

Impresso no Brasil — outubro de 2021

À todas as gerações de assistentes sociais que construíram o espaço profissional na Previdência Pública serraram fileiras contra as tentativas de alguns governos de sua liquidação e lutaram com o movimento dos trabalhadores na defesa dos direitos da previdência e sua viabilização pelo Estado.

À memória do Ailton Marques pela sua profunda humanidade, companheirismo e coerência revolucionária.

Ailton, sempre presente!

# Sumário

# Prefácio

Introito: Dedico este Prefácio ao assistente social Ailton Marques de Vasconcelos, formado em Serviço Social, mestre e doutorando em Educação pela PUC-SP. Profissional e militante aguerrido desde o movimento estudantil e nas lutas sindicais dos trabalhadores previdenciários, é um dos imprescindíveis como nos diria o poeta Bertolt Brecht, daqueles em que a teoria não se separa da práxis, um combatente revolucionário. Ailton é ainda um dos autores desta Coletânea e que veio a falecer precocemente, aos 42 anos, vítima de um infarto agudo do miocárdio, durante um encontro de previdenciários organizado pelo SINSPREV (Sindicato dos Trabalhadores em Saúde e Previdência no Estado de São Paulo), no dia 22 de novembro de 2019. Ailton era incansável, e tombou na luta! Recebeu *in memoriam* seu doutorado em 23 de setembro de 2020 em uma justa e comovente homenagem. E em nome dele presto minha homenagem a tod@s que colaboraram com esta linda e importante Coletânea e que lutam em defesa da Previdência Social Pública e dos trabalhadores em suas lutas.

Ailton presente, ontem, hoje e sempre!

A obra *Seguridade social, previdência e serviço social: desafios do tempo presente*, que ora temos em mãos, organizada por Ana Maria Baima Cartaxo e Maria do Socorro Reis Cabral que são professoras, pesquisadoras, assistentes sociais aposentadas do INSS e militantes combativas, se traduz em uma coletânea que nos brinda com um debate profícuo, instigante, reflexivo e atual que, sem dúvida, se expressa em um instrumento auxiliar para enfrentar a destruição dos direitos trabalhistas e sociais, entre eles os previdenciários, que vem ocorrendo no país a partir da implantação da programática neoliberal nos anos 1990.

Cabe ressaltar que as duas organizadoras da coletânea, Ana Cartaxo e Socorro Cabral, são militantes históricas das lutas do INSS em defesa da Previdência Social, que entre outras companheiras assistentes sociais combativas e valorosas, fizeram parte da construção da Matriz Teórico-Metodológica do Serviço Social no INSS, que se materializou na referência profissional de ruptura com o conservadorismo em consonância com o Projeto Ético-Político Profissional do Serviço Social Brasileiro, construído e conquistado coletivamente pelas(os) profissionais a partir das entidades da categoria.

A presente coletânea se compõe de capítulos igualmente escritos por assistentes sociais do INSS, professoras, pesquisadoras(es), advogado e militantes que ao longo de suas trajetórias profissionais e de práxis política vêm atuando na perspetiva dos interesses imediatos e históricos da classe trabalhadora. A luta pela previdência social, assim como a defesa dos trabalhadores em serviço público, que vêm sofrendo os processos de precarização das relações de trabalho e ataques ao projeto profissional, tem se mantido por meio da resistência coletiva e organizada da categoria profissional de assistentes sociais, articulada à luta de trabalhadores(as) em serviço público e da classe trabalhadora combativa e classista deste país.

De saída, portanto, temos a totalidade dos(as) autores(as) desta coletânea, lutadoras(es) comprometidos(as), cujos textos, com análise crítica, solidez teórica e práxis político-organizativa, certamente já se constituem em aliados para novas pesquisas e em continuidade de nosso trabalho profissional, na docência e na práxis militante.

Uma coletânea desta envergadura nos ajuda a compreender a particularidade da Previdência Social nos marcos da Seguridade Social que engloba a Saúde, a Previdência e a Assistência Social, áreas de grande inserção de profissionais assistentes sociais na esfera do Estado, nos âmbitos federal, estadual e municipal. De outro lado, esta obra é publicada em um dos momentos da história de nosso país de maior ataque do capital à classe trabalhadora. Em 2016, o país viveu um golpe de direita com o *impeachment* da presidente Dilma Rousseff, sem crime de responsabilidade, apesar de estar aplicando ajustes fiscais e contrarreformas. A direita se empenhou com todas as suas forças para dar um golpe institucional, apoiada pelo capital internacional imperialista, no sentido de que houvesse mais celeridade na aprovação dos projetos de destruição de direitos. Esta tática utilizada pela direita se deu mediante o desgaste da presidente perante a população, em seu segundo mandato, exatamente por estar avançando com medidas de mais favorecimento ao capital em detrimento dos direitos dos trabalhadores.

De 2016 a 2018, o governo golpista de Michel Temer aprova a contrarreforma trabalhista e a lei da terceirização indeterminada, que se expande para a esfera pública e a privada, bem como prepara mais uma contrarreforma da previdência social que foi aprovada em 2019. Em 2018, assume o governo federal o protofascista eleito, capitão reformado Jair Bolsonaro, de extrema-direita, ultraneoliberal, que vem aprovando no Congresso Nacional, o mais reacionário da história do país desde a ditadura civil-militar, contrarreformas, ajustes fiscais, privatizações desenfreadas e medidas provisórias de destruição de políticas e direitos sociais e trabalhistas.

É importante relembrar que a crise estrutural do capital se inicia em meados dos anos 1970 e que para responder à sua própria crise, de queda tendencial da taxa de lucro e de hiperinflação, o capital estabelece novas estratégias para recuperar sua economia com maior superexploração do trabalho na produção de valor e mais-valor pelo processo de *acumulação flexível*, ampliando o desemprego estrutural e quebrando relações de trabalho, com trabalho precarizado, informal, temporário, por tempo, por projeto, por pessoa jurídica, com terceirizações e trabalho intermitente. Na esfera do Estado, estabelecem-se medidas de ajustes fiscais, contrarreformas, privatizações e, entre elas, a da previdência social, que é amplamente explicitada, analisada e debatida nesta coletânea.

Na América Latina, é a partir de 1989 com o Consenso de Washington, sob a coordenação do Fundo Monetário Internacional (FMI), Banco Interamericano de Desenvolvimento (Bird), Banco Mundial e do governo norte-americano, que se implanta a programática neoliberal no continente, que prevê três fases sequenciais: a) fase de estabilização macroeconômica de prioridade para o superávit fiscal primário, revisão das relações fiscais intergovernamentais e reestruturação do sistema de previdência pública; b) fase de reformas estruturais de liberalização financeira e comercial, desregulação dos mercados, privatização das empresas estatais, reformas no Estado (reforma do Estado, do ensino, sindical, trabalhista, previdenciária); c) fase de retomada do investimento e do crescimento econômico (ABRAMIDES, 2019).

Nesta direção, iniciam-se as privatizações, contrarreformas do Estado, trabalhista, sindical, previdenciária, administrativa, do ensino superior, com ajustes fiscais prevalecendo o "Estado máximo para o capital e mínimo para a classe trabalhadora". Mal a Constituição é aprovada em 1988, a seguir, em 1989, inicia-se seu desmonte com medidas destrutivas ao trabalho e às conquistas históricas dos trabalhadores pela financeirização e mercantilização do sistema de proteção social. O neoliberalismo se instaura no governo Collor de Mello, se expande e se estrutura nos dois governos de Fernando Henrique Cardoso, tem sua continuidade nos governos intitulados social-desenvolvimentistas de Lula e Dilma, e se aprofunda no governo golpista de Temer e no desgoverno de extrema-direita de Bolsonaro.

Os sucessivos governos, desde os anos 1990, atribuem um falso rombo advindo da previdência social, que se constitui em um verdadeiro mito, o de que o sistema da Previdência Social no Brasil é deficitário. O sistema da Previdência Social, pelo contrário, não tem déficit orçamentário, pois apresenta um montante significativo de recursos financeiros. O dinheiro é mensalmente recolhido na folha de pagamento dos trabalhadores assalariados e não permanece no caixa da Previdência Social; é repassado para um caixa comum do Tesouro Nacional, sendo utilizado para sustentabilidade de parte do investimento previsto nos acordos multilaterais, sobretudo os referentes aos serviços da dívida. A lógica imposta é a do deslocamento do fundo público, que deveria se voltar às políticas públicas para o pagamento da dívida pública a serviço do capital.

É aos marcos dessa conjuntura destrutiva de quebra de direitos que esta coletânea se dedica a alavancar denúncias, elucidar mitos, apresentar resistências para a luta coletiva. Composta de uma Apresentação, uma Introdução e oito capítulos, podemos nos deter por estudos analíticos que partem: da totalidade no âmbito da produção e da reprodução da vida social; da dimensão histórica da sociedade; da crise estrutural do capital e do capitalismo; dos ajustes e contrarreformas em função da financeirização e internacionalização da economia que opera no capitalismo imperialista contemporâneo; da expropriação da seguridade social brasileira; dos aspectos determinantes da destruição da Previdência Social Pública; da quebra do regime jurídico único e dos efeitos deletérios dos direitos previdenciários e dos trabalhadores; do debate da previdência pública transformada em mercado de capitais; da questão do crédito consignado aos aposentados como um instrumento de valorização do capital e espoliação dos trabalhadores; da análise da frágil articulação entre as políticas de assistência social e previdência social e da fragmentação do Benefício de Prestação Continuada (BPC); do resultado de uma pesquisa com narrativas de sofrimento a partir das relações de trabalho e saúde dos assistentes sociais da previdência social. Em todo esse percurso, apresenta ainda uma importante reconstrução histórica do Serviço Social no INSS, desde sua origem até os dias atuais, na recuperação das lutas de resistência e da organização da categoria de assistentes sociais na defesa dos direitos previdenciários, na manutenção e ampliação deste espaço sócio-ocupacional, na luta conjunta dos trabalhadores previdenciários e da classe trabalhadora como um todo. A ação profissional e práxis política coletiva e organizativa dessas(es) aguerridas(os) assistentes sociais são um legado para os trabalhadores que aí estão e que virão a fazer história combativa e classista.

A consigna socialismo ou barbárie, como nos dizia Rosa Luxemburgo, está presente em nossa realidade sócio-histórica mundial, em que a barbárie do capital está instalada. O antagonismo entre forças produtivas e relações sociais de produção está posto, como nos dizia

Marx em *O capital*, e neste momento de decomposição do capitalismo, apesar de sua hegemonia internacional de exploração, dominação e opressão, que lhe são constitutivas, pode haver uma possibilidade histórica de um tempo de revolução social; para tanto, são necessárias condições objetivas e subjetivas. As condições objetivas estão postas: fome, miséria, superexploração do trabalho, destruição de direitos e da natureza, ampliação da miséria absoluta, superpopulação relativa que se amplia. Mas as subjetivas estão por ser construídas: unidade classista de luta, partidos e programas revolucionários, que possibilitem organizar a classe trabalhadora em suas lutas concretas e avançar a consciência de classe na práxis política. Sabemos que a política reformista, de conciliação de classes, colocou parte da classe trabalhadora em apassivamento, e o avanço da ofensiva do capital tem levado a uma política defensiva. Mas há possibilidade de retomada classista das lutas, e a esquerda tem um papel central nesta direção, para que não prevaleça a barbárie. Continuemos na perspectiva das lutas imediatas articuladas às lutas históricas, anti-imperialistas, anticapitalistas, de uma sociabilidade emancipatória, comum a todos os indivíduos sociais, a sociedade que Marx denominou comunista, uma sociedade a ser construída, no fim do trabalho explorado, alienado, no fim das classes sociais, da propriedade privada dos meios de produção, no fim do Estado, e na auto-organização e produção dos indivíduos livremente associados no projeto de uma sociabilidade de emancipação humana.

*Maria Beatriz Costa Abramides*

Professora-Doutora do Programa de Estudos Pós-Graduados em Serviço Social da PUC-SP. Coordenadora do NEAM (Núcleo de Estudos e Pesquisas em Aprofundamentos Marxistas)

## Referência

ABRAMIDES, Maria Beatriz Costa. *O Projeto Ético-Político do Serviço Social Brasileiro*: ruptura com o conservadorismo. São Paulo: Cortez, 2019.

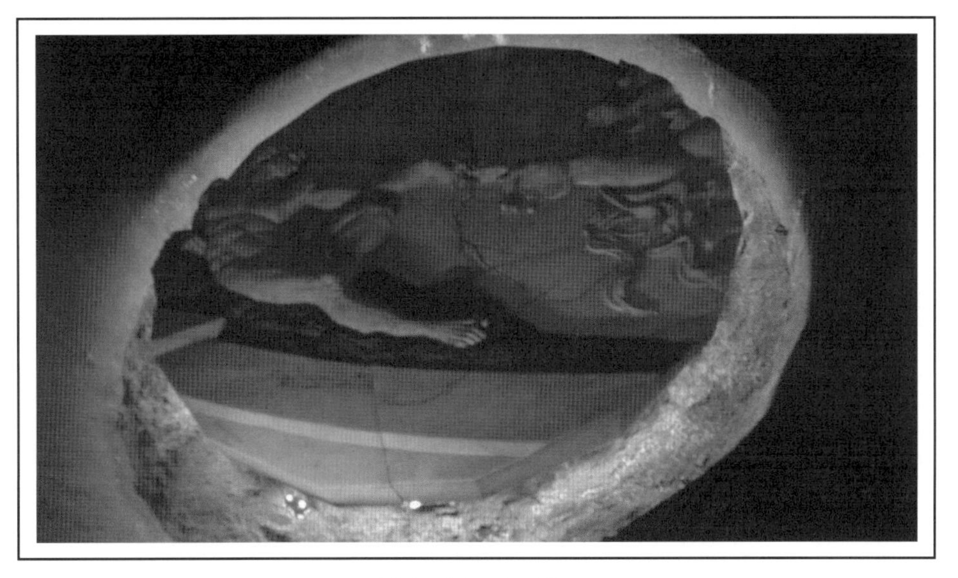

Mário Alberto Filho
Foto Catedral do Sal
Colômbia

# Apresentação

Esta coletânea é fruto de um esforço coletivo para compreender a Seguridade Social brasileira, particularmente a política de Previdência Social no contexto de crise estrutural do sistema capitalista mundial, cujas estratégias de restauração implicam, entre outras, a financeirização e a mercantilização do sistema de proteção social, com forte disputa do fundo público pelos capitais. Esse quadro foi agravado na conjuntura brasileira de 2016-2020, com a instauração de governos ultraneoliberais, que estão promovendo a expropriação dos direitos relativos ao trabalho e à Seguridade Social brasileira, no cômputo dos ajustes fiscais e das contrarreformas, com consequências que se acentuam a partir de março de 2020, com a pandemia ocasionada pela Covid-19.

Esta obra se inscreve como um instrumento de reflexão para o aprofundamento de análises e elaboração de estratégias políticas, de registro e alimentação do movimento dos assistentes sociais e dos trabalhadores organizados, que combatem em defesa da Seguridade e da Previdência Social. De forma especial, assinalamos os assistentes sociais que bravamente lutam pela garantia do espaço sócio-ocupacional no interior da Previdência, ao revelar-se como uma categoria guerreira de resistência no enfrentamento aos ataques e ao aprofundamento da desconstrução da proteção social brasileira e da profissão no âmbito desse espaço.

Os capítulos que se seguem, embora independentes, foram ordenados, dentro do possível, do geral para o específico, ou seja, de uma explanação teórica à especificidade do trabalho profissional da/do assistente social no interior da política previdenciária e em sua interlocução com a política de assistência. As consequências são expostas pelas pesquisas apresentadas, assim como pela realidade dos dados estatísticos que comprovam a barbárie em que se encontra a população brasileira que depende do trabalho e do sistema de proteção social.

Os dois primeiros capítulos têm como referência a totalidade analítica da crise estrutural do sistema capitalista internacional, que impõe aos países periféricos, particularmente o Brasil, ajustes e contrarreformas estruturais para pagamento de suas dívidas e em razão da dominância do capital financeiro.

## Capítulo 1
## A Expropriação da Seguridade Social Brasileira

A autora aborda essa temática considerando o parâmetro constitucional de 1988 como marco histórico de afirmação dos direitos sociais no país. Evidencia a conjuntura da retomada das lutas sociais, no período de redemocratização nacional, e a desconstrução desses direitos sociais no quadro de crise estrutural, com acentuada disputa sobre o fundo público pelos capitais, ao converter serviços e benefícios da seguridade em mercadorias, em detrimento da cobertura protetiva à população que dela depende.

## Capítulo 2
## A Crise Contemporânea Brasileira e Contrarreforma Previdenciária: a Destruição da Previdência Social Pública

As autoras analisam as contrarreformas previdenciárias no país, especificamente no período de 2016 a 2020, de aprofundamento da crise econômica, política e social brasileira, agravada pela covid-19. Tem como centralidade a crise estrutural capitalista mencionada e a demolição do trabalho. Evidenciam o movimento dos capitais em busca de sua valorização como razão primeira dessas contrarreformas.

E concluem que elas ceifam os direitos, conforme era a intenção da PEC nº 287/2017 e do seu substituto proposto pelo Congresso Nacional, que são aprofundados com a EC nº 103/2019. E, assim, se efetiva uma verdadeira desconstrução desses direitos previdenciários historicamente conquistados pela classe trabalhadora.

## Capítulo 3
## O Regime Próprio dos Servidores Públicos em Tempos de Desmonte dos Direitos Previdenciários

O autor analisa a proposta de contrarreforma da previdência dos servidores públicos ao descortinar as contradições contidas nas premissas justificadoras do discurso ideológico do governo, ao identificar a natureza da aposentadoria entre a administrativa e a previdenciária, e estabelecer as diferenças e aproximações já existentes entre esse Regime e o Regime Geral da Previdência Social. Conclui demonstrando a verdadeira razão e as possíveis consequências das alterações propostas para o Regime próprio dos servidores públicos.

## Capítulo 4
## "Previdência Privada": Produto e Instrumento da Acumulação de Capitais

A autora discute a impropriedade do termo previdência privada por se tratar de transformação da previdência no mercado de capitais. Com fundamentação na teoria social de Marx acerca do capital portador de juros e do capital fictício, centraliza sua análise nos marcos da ditadura militar brasileira de 1964, no contexto da limitação das lutas sociais e pós-milagre brasileiro, na introdução da fase dos monopólios no país com o aporte dos Estados Unidos. Discorre acerca da estruturação desse mercado com o aparato de medidas jurídico-políticas e de recursos indispensáveis a sua operacionalização; sobre o aprofundamento e o desenvolvimento desse mercado nos governos de Fernando Collor de Mello a Dilma Rousseff, concluindo pela lucratividade desse mercado na atualidade.

## Capítulo 5
## Crédito Consignado para Aposentados: Materialização do Vínculo entre Contrarreforma da Previdência e *Expropriação Financeira*

A autora aborda a questão do crédito consignado a aposentados como um instrumento a serviço da valorização do capital, incidindo sobre o valor das aposentadorias, como uma forma perversa de apropriação pelo capital financeiro, que corrói os já defasados valores em função da forma de cálculo adotada na definição da remuneração desse benefício, o que precariza, ainda mais, as condições de vida desses trabalhadores aposentados.

## Capítulo 6
## Fragmentação do Benefício de Prestação Continuada (BPC): entre a Assistência Social e a Previdência Social

As autoras trazem ao debate a precária interlocução entre as Políticas de Assistência Social e da Previdência Social, e seus impactos na operacionalização, na concessão e na manutenção do Benefício de Prestação Continuada. A linha de análise desenvolvida identifica, no caminho brasileiro recente, alterações nas políticas sociais da Seguridade Social, a influência das recomendações do Banco Mundial, com claras restrições na normatização do Benefício de Prestação Continuada, recaindo sobre a população mais empobrecida o ônus da crise econômica.

## Capítulo 7
## Serviço Social no INSS: Trajetória de Lutas e Desafios

Os autores reconstroem a trajetória histórica do Serviço Social desde a sua gênese, na década de 1940 (Portaria 52, Conselho Nacional do Trabalho de 06.10.1944), evidenciando o protagonismo profissional na defesa dos direitos previdenciários e na manutenção e ampliação desse importante espaço sócio-ocupacional. Apreendem o contexto a partir da crise capitalista mundial e da atualidade brasileira, aprofundada pelo golpe parlamentar jurídico e midiático, com o *impeachment* da presidenta Dilma Rousseff. Explanam a aplicação das medidas ultraliberais, com a destruição dos direitos trabalhistas e previdenciários, ressaltando os seus efeitos sobre o Serviço Social nesse espaço. Elucidam o processo de resistência e luta desenvolvido pelas/os assistentes sociais, em articulação com o movimento geral dos trabalhadores, das entidades da categoria e dos servidores da Previdência.

### Capítulo 8
### Narrativas de Sofrimento com Resultados Estatísticos Negativos: Relações de Trabalho e Saúde de Assistentes Sociais Atuantes na Previdência Social no Brasil

O capítulo, que constitui parte da pesquisa intitulada "Processo de Trabalho e Saúde dos e das Assistentes Sociais que atuam nos Serviços de Seguridade Social no Brasil", discute o trabalho profissional de Assistentes Sociais na Previdência Social e na inter-relação com a saúde. Os dados empíricos para fundamentar a análise foram rigorosamente apreendidos por técnicas de entrevistas, oficinas, grupos focais e escalas padronizadas. O contexto de contrarreformas previdenciárias, as mudanças tecnológicas do trabalho e as reestruturações administrativas, materializadas no espaço sócio-ocupacional da Previdência Social, têm determinado ingerências no fazer das/os assistentes sociais. Além de o novo tipo de trabalho *on-line* ser determinante, de forma negativa, para a população usuária — prejudicada pela dificuldade de acesso aos seus direitos previdenciários, paulatinamente extintos ou dificultados pelas inúmeras contrarreformas —, a limitação das atividades dos profissionais e as incongruências derivadas do trabalho digital, em substituição ao atendimento presencial, tiveram forte impacto nas condições psicossociais das/os assistentes sociais.

Agradecemos às/aos autoras/es a construção dessa coletânea, que nos permitiu, em diferentes ângulos, discutir a questão previdenciária e o exercício profissional do assistente social no âmbito da seguridade social. Coloca-se no tempo presente como uma reflexão crítica embora inacabada, mas na esperança de abrir espaços para novas pesquisas e estudos.

Registramos, ainda, que esta é uma história construída em uma trajetória de muitas lutas e resistências em prol de uma previdência pública e de qualidade como garantia de proteção social a trabalhadora/or perante o desgaste predatório do sistema capitalista. Nesse sentido, ressaltamos o exercício profissional do assistente social no incessante percurso para o acesso aos direitos igualitários, que somente ocorrem em uma perspectiva estratégica de superação da ordem-burguesa-capitalista.

*Ana Maria Baima Cartaxo*

*Maria do Socorro Reis Cabral*

# Introdução

Com imensa satisfação apresento breve introdução ao livro organizado pelas assistentes sociais Maria do Socorro Reis Cabral (PUC/SP) e Ana Maria Baima Cartaxo (UFSC), docentes, pesquisadoras, militantes, com profundo conhecimento sobre a previdência social, lutadoras incansáveis do Serviço Social na Previdência como direito do usuário e participantes ativas na elaboração da histórica e até hoje indispensável Matriz Teórica Metodológica do Serviço Social na Previdência Social.

Apesar de ser a mais antiga das políticas que hoje compõem a seguridade social, pode-se dizer que desde suas primeiras legislações, com a Lei Eloy Chaves, em 1923, até sua importante ampliação com a Constituição de 1988, a Política de Previdência Social passou por inúmeras mudanças, sem, contudo, superar sua natureza restritiva, limitada a trabalhadores e trabalhadoras inseridos em relações contratuais e formais de trabalho, que jamais utrapassaram 52% da chamada "população economicamente ativa — PEA" pelos índices governamentais, sobretudo pela sua subordinação aos longos períodos do bonapartismo brasileiro (DEMIER, 2013) e da autocracia burguesa (NETTO, 2014).

A Constituição Federal de 1988, que instituiu a seguridade social — articulando previdência, saúde e assistência social —, estabelece, dialética e contraditoriamente, a democracia burguesa, abre a perspectiva de ampliação dos direitos e políticas sociais, mas submeteu a previdência à estrutural precarização das relações de trabalho. A predominância da lógica do seguro, em uma sociedade em que o trabalho está cada vez mais subsumido ao capital, vem minando sucessivamente qualquer possibilidade de universalização dos direitos trabalhistas e previdenciários. Foram muitos os caminhos do desmonte[1] nessas três décadas. O mais corrosivo, sem dúvida, foi a destruição do Orçamento da Seguridade Social (OSS), que vem sendo minado pelos longos e draconianos ajustes fiscais (BOSCHETTI; TEIXEIRA, 2019), alimentados pelo discurso do suposto "déficit" orçamentário da previdência social, que não passa de um engodo para encobrir as imensas transferências do orçamento social para o capital, especialmente o financeiro.

O discurso conservador e neoliberal atua, insistente e incansavelmente, para alimentar a falsa compreensão de que o orçamento é mera peça técnica de planejamento, destinada a uma distribuição neutra e "eficiente" de recursos públicos, e que as sucessivas contrarreformas da previdência social (1998, 2003, 2015, 2019) são necessárias para assegurar um "equilíbrio" fiscal que estaria em risco pelo aumento do gasto social previdenciário. Nada mais mentiroso e mitificado que isso! A composição do orçamento e sua destinação sofrem, cotidianamente, a mais feroz e agressiva disputa de classes pelo fundo público resultante da riqueza socialmente produzida.

Na perspectiva da teoria crítica, de fundamentação marxista, o fundo público constitui uma fração importante da riqueza produzida coletivamente pela classe trabalhadora. É constituído pelo trabalho excedente (mais-valia) apropriado pelos donos dos meios de produção, ou seja, os proprietários das indústrias, fábricas, empresas, quando transferem parte, nada significativa, é bom que se diga, de sua riqueza acumulada para o Estado, por meio de impostos, renda da terra e contribuições sobre o lucro líquido ou bruto. Mas é também

1. Sobre o desmonte da seguridade social, consultar BOSCHETTI, Ivanete. Seguridade social no Brasil: conquistas e limites à sua efetivação. Disponível em: http://portal.saude.pe.gov.br/sites/portal.saude.pe.gov.br/files/seguridade_social_no_brasil_conquistas_e_limites_a_sua_efetivacao_-_boschetti.pdf. Acesso em: 14 out. 2020.

constituído pelo trabalho necessário, por meio de contribuições puncionadas diretamente do salário de trabalhadores e trabalhadoras (a exemplo do imposto de renda, das contribuições para a seguridade social). Também compõe o fundo público a diversidade de impostos diretos e indiretos sobre toda sorte de consumo de mercadorias, de bens e serviços, como água, luz, telefone, transporte (BEHRING, 2010; 2017). O Estado, em sua materialização nos governos federal, estaduais e municipais, é o mediador nesse processo de definição da composição, extração e repartição do fundo público, por meio do orçamento público. O orçamento público, que financia os direitos e políticas sociais, portanto, é a expressão concreta de uma fração de fundo público apropriada pelo Estado, formado por impostos, taxas, contribuições, e que se transformará em bens, serviços e investimentos públicos. Desde sua composição inicial até sua destinação final, o entendimento real do orçamento público deve responder a duas perguntas fundamentais que podem nutrir as lutas e disputas sociais no capitalismo. A primeira é: quem paga a conta dos direitos, políticas sociais, bens e serviços públicos que o Estado deve garantir a toda a população? Dito de outro modo, quem paga mais impostos? De quem o Estado extrai mais recursos para formar o orçamento público? A segunda pergunta é: quem mais se beneficia do orçamento público? Quem mais recebe recursos do orçamento público por meio do acesso a bens, serviços, direitos e políticas sociais?

As respostas a essas perguntas revelam se o orçamento público, em sua composição e destinação, é mais ou menos distributivo (ou concentrador), se é mais ou menos progressivo (ou regressivo). Do ponto de vista de sua composição, ou seja, de onde o Estado arrecada os recursos para formar o orçamento público, este será mais distributivo e progressivo se a taxação corresponder, proporcionalmente, aos lucros, aos rendimentos e à acumulação de propriedades. De forma bem simples, será mais progressivo se quem ganhar mais e detiver mais propriedades pagar mais impostos, taxas, contribuições. Por isso, os impostos diretos sobre o lucro, a renda e a propriedade têm mais possibilidade de progressividade e distributividade. E os impostos indiretos sobre o consumo, bens e serviços são mais regressivos e nada distributivos, já que incidem igualmente sobre todos, independentemente de rendimentos.

Do ponto de vista de sua destinação, quanto mais o orçamento público for aplicado em bens, equipamentos públicos, serviços e políticas sociais destinados à classe trabalhadora e não aos detentores de grandes rendimentos e capitais, maior será sua possibilidade redistributiva. Mas atenção, isso não significa "seletividade" e "focalização" na garantia de direitos. Os direitos sociais devem ser universalizados e garantidos a todos igualmente. Mas o ensino público, a saúde pública, o transporte público podem ser redistributivos na destinação de recursos, ao aplicar percentuais maiores de orçamento público naquelas localidades historicamente castigadas pela desigualdade de rendimento e desigual acesso aos serviços públicos. O orçamento público será mais progressivo quanto mais for utilizado em políticas sociais, em vez de pagar imensas fortunas em juros e amortizações da dívida pública para o capital, especialmente o financeiro, como vem ocorrendo no Brasil nas últimas décadas (BOSCHETTI; TEIXEIRA, 2019).

Conforme dados disponíveis na Secretaria da Receita Federal, o Orçamento da Seguridade Social (OSS) corresponde, em média, a um terço da totalidade da arrecadação tributária brasileira, ou seja, o OSS constitui uma importante fração do fundo público, extraído da riqueza socialmente produzida pela classe trabalhadora. A Constituição Federal instituiu diversos novos impostos e contribuições que deveriam ser fontes exclusivas de recursos para as três políticas de seguridade social. Contudo, vários estudos[2] e análises (BOSCHETTI; SALVADOR, 2006; BOSCHETTI; TEIXEIRA, 2019; SALVADOR, 2020) vêm demonstrando que seus recursos são recorrentemente apropriados

2. A Anfip (Associação Nacional dos Auditores Fiscais da Receita Federal do Brasil) publica, anualmente, uma brochura com análise sobre o orçamento da seguridade. Disponível em: https://www.anfip.org.br/livros/. De acordo com a última brochura disponível em sua página, a DRU extraiu o valor médio de R$ 52,4 bilhões da Seguridade Social entre 2005 e 2016. Com o aumento do percentual desvinculado a partir de 2016 (que passou de 20% para 30% anualmente), a extração saltou de uma média de R$ 63,4 bilhões, entre 2013 e 2015, para R$ 99,4 bilhões no ano de 2016, e R$ 113 bilhões, em 2017. Acesso em: 14 out. 2020.

pelo governo federal por meio da Desvinculação de Receitas da União (DRU), que expropria recursos dessas políticas e transfere anualmente 30% do OSS[3] para pagamento dos juros e amortizações da Dívida Pública, revelando uma "perversa alquimia" que transforma recurso público do social em recurso privado do capital, sacrificando uma colossal parte do fundo público no pagamento de uma dívida pública que se agiganta ano a ano.

O Serviço Social brasileiro vem se somando a estudos críticos sobre o orçamento das políticas sociais, com o intuito de desmistificar o suposto déficit da seguridade que sustenta as contrarreformas, especialmente as do trabalho e da previdência social. Nessa direção, engaja-se e fortalece as lutas contra a destruição dos direitos, contra os insidiosos processos de financeirização do capital, que insistem em transformar a previdência pública em nicho de capitalização e acumulação de capital com planos privados de seguro social.

Compreender as contrarreformas da previdência social requer situá-las criticamente nessa dinâmica perversa, agressiva e desumana, que favorece enormemente o capital e provoca acelerada expropriação de direitos (BOSCHETTI, 2018). O conjunto de textos que compõem esta coletânea se dedica a denunciar essa dinâmica, que avança no Brasil a passos largos, especialmente nesse contexto de ultraneoliberalismo que assola o país desde o golpe parlamentar de 2016. Por isso, sua leitura se constitui em potente instrumento de desmistificação dos discursos dominantes e imprescindível instrumento de luta em defesa da previdência pública e do fortalecimento do Serviço Social como direito dos usuários dessa histórica e importante política social.

*Ivanete Boschetti*

Rio de Janeiro, outubro de 2020.

---

3. Até 2015, a DRU retirava, anualmente, 20% do OSS e, a partir de 2016, passou a retirar 30%, drenando, exponencialmente, os recursos da Seguridade Social para o pagamento dos juros e a amortizações da dívida pública.

# Referências

BEHRING, Elaine Rossetti. Crise do capital, fundo público e valor. *In*: BOSCHETTI, Ivanete *et al*. (org.). *Capitalismo em crise*: política social e direitos. São Paulo: Cortez, 2010.

BEHRING, Elaine Rossetti. A dívida e o calvário do fundo público. *Revista Advir*, Rio de Janeiro: Associação dos Docentes da Universidade do Estado do Rio de Janeiro, n. 36, p. 9-21, jul. 2017.

BOSCHETTI, Ivanete (org.). *Expropriação e direitos no capitalismo*. São Paulo: Cortez, 2018.

BOSCHETTI, Ivanete; SALVADOR, Evilasio. Orçamento da seguridade social e política econômica: perversa alquimia. *Serviço Social & Sociedade*, São Paulo: Cortez, n. 87, p. 25-57, 2006.

BOSCHETTI, Ivanete; TEIXEIRA, Sandra. O draconiano ajuste fiscal no Brasil e a expropriação de direitos da seguridade social. *In*: SALVADOR, Evilasio; BEHRING, Elaine; LIMA, Rita de Lourdes (org.). *Crise do capital e fundo público*: implicações para o trabalho, os direitos e a política social. São Paulo: Cortez, 2019.

DEMIER, Felipe. *O longo bonapartismo brasileiro (1930-1964)*. Rio de Janeiro: Mauad X, 2013.

NETTO, José Paulo. *Pequena história da ditadura brasileira (1964-1985)*. São Paulo: Cortez, 2014.

SALVADOR, Evilasio. Fundo público e conflito distributivo em tempos de ajuste fiscal no Brasil. *In*: CASTRO, Jorge Abrahão de; POCHMANN, Márcio. *Brasil*: Estado social contra a barbárie. São Paulo: Fundação Perseu Abramo, 2020.

# CAPÍTULO 1

# A expropriação da Seguridade Social brasileira

*Márcia Emília Rodrigues Neves*

Depois de três décadas de existência, a seguridade social brasileira acumula um conjunto de intervenções contrarreformistas responsável por operar uma das mais sistemáticas e profundas mudanças produzidas no arcabouço constitucional do país, quando se considera a montagem do sistema de proteção social pactuado em 1988, em que pesem suas incompletudes e contradições. O sistema em si, já de difícil concretização no âmbito das disputas de classes nacional, embutia perspectivas não contempladas. Concretamente, alargou o campo de disputa pelo fundo público, com a classe trabalhadora lutando contra a mercadorização dos serviços públicos.

A destruição perpetrada permite observar que o momento histórico que se apresentou como fundamental para a materialização de conquistas importantes para a classe trabalhadora brasileira ocorreu em um espaço de tempo em que as condições político-sociais internas de resistência — acumuladas no processo de redemocratização e de formulação de demandas constituintes concretas — permitiram que se atribuísse uma responsabilização social sem precedente ao Estado brasileiro, dissociada, no entanto, do que sinalizava a dinâmica de reestruturação regressiva do capitalismo, já bastante consolidada mundo afora, e renhidamente empreendida pelos setores financeiros e produtivos do país e por suas forças políticas representativas.

De fato, a transformação operada na base do capitalismo é responsável por minar os contratos sociais, e, com eles, os ganhos civilizatórios assentados no pós-Segunda Guerra Mundial e instaurar uma nova realidade social forjada em arranjos condicionados objetivamente pela reação burguesa para fazer frente à crise *sistêmica* do capital iniciada na década de 1970, de modo a reconstituir e mesmo elevar a lucratividade, redesenhando, assim, estrutural e institucionalmente, o mundo capitalista (HARVEY, 2005).

Esse processo fundante de agudas mudanças estruturais, visto aqui de forma totalizante, constitui o norte metodológico com base no qual se pretende analisar a condição da seguridade social brasileira nos marcos dos processos expropriadores que a vêm desconstruindo e que, presentemente, e sob as pressões mercadológicas fortalecidas com o avanço de forças políticas extremadas, interna e externamente, ameaçam suprimir de vez o que restou da arquitetura social engendrada em 1988.

Acerca da crise estrutural que se abateu sobre o mundo capitalista, Harvey (2005) infere que ela solapou a organização político-econômica fordista-keynesiana e abriu espaço para reações e experimentos flexibilizadores. Nesse sentido, a *acumulação flexível*, assim compreendida pelo autor, serviu como resposta à crise estrutural, abalando a *rigidez* do padrão até então vigente, fazendo com que, a par de amplas *inovações tecnológicas*, *comerciais* e *organizacionais*, as condições objetivas da acumulação capitalista fossem reestruturadas. Estabeleceram-se novos padrões para a organização da produção, do trabalho, do consumo, da composição do capital e da articulação entre as empresas ao redor do mundo; desmontaram-se os mecanismos políticos de controle do capital, incorporados durante o ciclo expansivo do capitalismo em meados do século XX.

Nesse curso, segundo Chesnais (1996), a financeirização do capitalismo subverte a lógica produtiva, passando a condução geral da economia mundial a ser mediada no interesse estrito dos ganhos exponenciais dessa esfera de todo instável, volátil e especulativa, sem que por isso ocorra um descolamento do setor produtivo, pois este, ao contrário, sustenta-se na imbricação das esferas financeira e produtiva.

Nas suas análises, Chesnais (1996, p. 252) argumenta que o fundamento do adensamento do capital monetário já fora desmistificado por Marx, quando apontou a "retenção sobre a mais-valia" e a canibalização do "serviço da dívida pública" operadas na esfera financeira. Mas destaca sua intensificação sob um novo estágio, sendo as formas de valorização financeiras perseguidas com mais afinco pelos capitais industriais, fundos de pensão e fundos mútuos, impulsionando uma necessidade permanente de liquidez de ativos com valor inflacionado — na realidade, *capital fictício* cujas perdas são fiscalmente amparadas e socializadas. Com isso, são desconstruídas as formas históricas de sociabilidade e de disputas ideopolíticas configuradas sob o manto de arranjos pactuados, dando lugar à injunção de novos modos expropriadores, seguidamente revigorados e agravados.

Ao conferir a liberdade existente nas práticas capitalistas contemporâneas, que resultaram em mais concentração de poder econômico, importa destacar a sua dimensão ideopolítica, que tem na afirmação do neoliberalismo o exercício de sua legitimação. Como indica Anderson (1995, p. 23), o convencimento orquestrado em torno da ideia "de que não há alternativas para os seus princípios", na visão de Salama (1995, p. 52), fortaleceu o ideário do "domínio absoluto do mercado", imprimindo um nível elevado e crescente de aceitação às contrarreformas dessa lavra, desnudando, assim, as sutilezas e os ardis do capitalismo em seu novo estágio. Provém dessa legitimação ideológica a capacidade do mercado e das entidades multilaterais de impor medidas macroeconômicas de interesse do grande capital aos espaços nacionais, o que implica o desmonte de instituições, valores e práticas democráticas.

A maior desvalorização possível da força de trabalho é obtida com base nessas condições econômicas, tecnológicas e ideopolíticas, para o que também concorre a disputa feroz entre espaços nacionais, centrais e periféricos por investimentos, nos quais empenham recursos fiscais futuros, oferecem isenções e destroem direitos do trabalho, permitindo ao capitalismo trafegar num ambiente absolutamente favorável a seus interesses e fazendo coexistir "uma diversidade de sistemas de controle de trabalho" (HARVEY, 2005, p. 184). Também para que as contrarreformas nas legislações trabalhistas e na proteção social potencializem seu poder destrutivo.

A contrarreforma trabalhista no Brasil, por exemplo, ao liberar o trabalho de suas amarras legais e, assim, baratear seu custo para o setor produtivo e o de serviços, não apenas desconstrói dramaticamente o mercado de trabalho e acentua a precarização, como também afeta diretamente a arrecadação de recursos financeiros vitais para o sistema de proteção social.

A crise quase sem trégua de 2008 é um bom indicador do domínio da dimensão financeira na riqueza social, seja porque expressa a forma exacerbada com que vêm operando os mercados financeiros, com resultados cada vez mais concentradores, seja porque a saída manejada à exaustão foi a socialização dos riscos pela ação do Estado, transformando tudo que estiver ao alcance do lucro em mercadoria (MOTA, 1995). Com a esfera financeira munida de mecanismos e produtos especulativos cada vez mais sofisticados e liberados de qualquer controle, as contradições acumuladas carregam um potencial de letalidade humana e socioambiental sem precedente.

Nesta lógica, a captura do fundo público *pelo capital portador de juros* torna-se *visceral,* conforme aduz Behring (2018, p. 190), para garantir "a reprodução ampliada do capital, tanto quanto a criação das condições, ótimas para o mercado, de oferta da força de trabalho a baixo custo, pressionando os trabalhadores a aceitar qualquer trabalho e qualquer salário", degradando ainda mais a existência humana.

De uma redefinição global da economia e da política que atingiu todas as economias capitalistas, depreende-se que a materialização desse processo de restruturação e suas repercussões ocorreram sob condições assimétricas do desenvolvimento capitalista entre os distintos espaços mundiais e adquiriram relevâncias diferenciadas, refletindo as particularidades históricas e sociais.

No Brasil, os impactos da crise do capital e seus desdobramentos subsequentes na realidade nacional são devastadores. Um país estruturalmente formado mediante intensa exploração do trabalho e ampla informalidade, nas circunstâncias históricas presentes, tem essas características agudizadas com o desmonte neoliberal processado em suas legislações sociais, com a destruição massiva via privatizações deletérias do patrimônio público e com as práticas danosas da tributação regressiva e das renúncias fiscais.

O fundo público, como visto, cumpre papel poderoso nesse processo ao favorecer exponencialmente a captação privada em detrimento dos aportes requeridos (necessários) pela proteção social estatal, o que restringe, conforme Boschetti (2018, p. 158-159), "a participação do Estado no processo de distribuição de parcelas do excedente e do trabalho necessário, deslocando importante fração para a acumulação, por meio de pagamentos de juros e amortização da dívida pública". A DRU (Desvinculação de Receitas da União) é um dos instrumentos que funcionam eficazmente nessa direção, subtraindo atualmente 30% do orçamento da seguridade social para munir esse sistema.

Outra forma de expropriação que a autora aponta é a subvenção aos fundos de pensões públicos (modalidade fechada) e aos fundos privados (modalidade aberta), um dos novos e valiosos *nichos* que Mandel (1982) identificou como fonte de valorização perseguida pelos capitalistas, em face do volume elevado de capitais excedentes à caça de investimentos. É a designada supercapitalização.

A categoria *expropriação*, da matriz marxiana, usada para descrever o modo como se processou a acumulação primitiva do capital, tem sido recorrente na literatura crítica para designar fenômenos contemporâneos que denotam o movimento crescente de *canibalização* do patrimônio e do fundo público pelo capital financeiro, destituindo os trabalhadores dos *meios* que regem as condições do trabalho e de proteção social, os quais lhes permitam acessar bens, serviços e benefícios.

Destacam-se aqui as reflexões produzidas por Boschetti (2018) e Mota (2018), que, em sintonia com Fontes (2018), consideram, a partir da compreensão marxiana, que o modo como se estabelece a *supressão das condições de existência dos trabalhadores*, em favor da acumulação ampliada do capital, revela o sentido expropriador, e que a forma contemporânea pode, entre outras, ser identificada "no processo de subtração das condições históricas de reprodução da força de trabalho mediadas pelo Estado Social, por meio da reapropriação, pelo capital, de parte do fundo público antes destinado aos direitos conquistados" (BOSCHETTI, 2018, p. 158).

Na sua visão, Mota (2018) faz uso do conceito de *acumulação por espoliação*, tratado por Harvey (2005) como caraterística do *novo imperialismo.* Este não a considera como "uma reiteração a-histórica do processo original" — *acumulação primitiva* —, e sim como a expressão de uma situação já sedimentada, que é destruída. A autora explora essa compreensão para analisar a situação dos países periféricos, por entender que "o fato de mediar a unidade entre meios de exploração e mecanismos de espoliação, no âmbito mais geral da *superexploração da força de trabalho,*[4] dota a categoria *expropriação contemporânea* de nova potência" (MOTA, 2018, p. 171, grifos da autora).

Ocorre, então, mais achatamento das condições de existência dos trabalhadores submetidos à *superexploração do trabalho,* cuja necessária e permanente produção, dispõe Fontes (2018, p. 26), "repousa sobre a existência prévia de trabalhadores já expropriados". A devastação que se prevê, considerando a agenda regressiva do governo que se fortalece

---

4. Segundo Mota (2018, p. 170), Rui Mauro Marini define superexploração do trabalho como a conjugação de três processos: aumento da jornada e da intensidade do trabalho e salário "abaixo do seu valor normal".

em meio à conjuntura pandêmica que engolfa o mundo e aprofunda desigualdades, impactará a vida da classe trabalhadora brasileira que já acumula contemporaneamente recorrentes expropriações.

## Seguridade Social brasileira: mais de três décadas de desmanche

A Seguridade Social, cujo modelo vincula as políticas de saúde, previdência e assistência social, representou uma das maiores conquistas no campo democrático e exigiu duros embates em torno da sua natureza integradora e das garantias públicas, bem como da regulamentação dessas áreas, levando-se em conta o alcance de suas coberturas. Para tanto, considerando o sofrível legado histórico do país, uma especial preocupação foi dedicada à formulação de uma base de financiamento composta por várias fontes de custeio, vinculando-as ao atendimento de necessidades da população brasileira. Nesse sentido, o Orçamento da Seguridade Social (OSS) foi uma conquista histórica, embora nunca implementado.

Ao perscrutar os traços destrutivos na política de saúde, emerge desse cenário que o formato universal de sua prestação, decorrente de um empreendimento político-social nacional de grande envergadura — forjado com base no Projeto de Reforma Sanitária, construído ao longo das lutas de resistência que se dão com mais concretude a partir de meados da década de 1970 —, encontra-se atravessado por medidas contrarreformistas que visam derrocar o fito constitucional e impor um modelo privatista, em consonância com os ditames do capital financeiro.

Esse cenário denota o antagonismo existente entre os distintos projetos de classes e os arranjos regressivos que vão se consolidando no país (BRAVO; PELAEZ; 2020), porquanto, se, de um lado, há uma perspectiva para a saúde que incorpora uma visão emancipadora que leva em conta as *determinações sociais* de classe, de outro, não se tem "como finalidade evitar o adoecimento dos sujeitos sociais, pois o que lhes permite a realização do lucro é a doença" (TEIXEIRA, 2018, p. 34).

Tem-se, assim, que a afirmação constitucional da saúde como direito universal contraria os interesses mercadológicos sedimentados no campo da saúde. Estes, por meio dos modelos de previdência social pretéritos, notadamente durante o período ditatorial, transformaram o Instituto Nacional de Previdência Social (INPS) num espaço privilegiado de acumulação, porquanto também imprimiram a forma complementar (privada) para a saúde e para a previdência, estabelecendo condições para a oferta de produtos financeiros. O preceito constitucional de universalidade tornou-se, portanto, o estorvo a ser combatido pelo ramo privatista, que ganhou substancial reforço num ambiente político que rapidamente anulava a intensidade das demandas democráticas que marcaram a década de 1980.

Para Bravo, Pelaez e Pinheiro (2018), o embate entre as forças privatistas e o segmento que advoga o comprometimento estatal com a saúde de todos os brasileiros torna-se mais exacerbado nas conjunturas neoliberais dos anos 1990, com o governo Fernando Henrique Cardoso impondo dura regressão ao SUS. Parte do seu orçamento é drenada ao setor privado de saúde, para fazer jus aos procedimentos hospitalares de média e alta complexidades, desvelando a priorização restrita à atenção básica focalizada e emergencial, como o Programa Saúde da Família (PSF), ofertado de forma precarizada. Soma-se a esse fracionamento a gestão privada, operada através das Organizações Sociais, descaracterizando a prestação público-estatal.

Nessa visão, nem mesmo com a ascensão dos governos populares a tendência focalista e privatizante arrefeceu; ao contrário, o governo de Luiz Inácio Lula da Silva atuou para contemplar os interesses do capital financeiro, mediante arranjos flexibilizadores de natureza reducionista, contidos na proposta do *SUS possível*, até mesmo aprofundando esse processo com a criação da Fundação Estatal de Direito Privado, a fim de contornar as legislações que pautam o serviço público. Já o governo de Dilma Rousseff (2011-2014) avançou com o modelo de gestão privatizante, instituindo a Empresa Brasileira de Serviços Hospitalares (EBSERH), destinada ao gerenciamento dos Hospitais Universitários e abrindo outro flanco para a incorporação de relações privadas na esfera pública estatal.

O agravamento desse processo regressivo escancara-se no governo ultraneoliberal e ultraconservador de Michel Temer, após promover o *impeachment* da presidenta Dilma Rousseff, radicalizando ainda mais o cenário político. O propósito de implantar um modelo privatista e flexibilizador extremado foi uma das razões do conflito que depôs a mandatária do país, procedendo-se a um conjunto de medidas contrarreformistas.

Na saúde, Bravo e Pelaez (2020) sumarizam a agenda deletéria do governo de Michel Temer, focado em acelerar o desmonte do SUS mediante contingenciamento orçamentário. Nesse compasso, fomenta internações em hospitais psiquiátricos, além de estabelecer forte coalizão entre os representantes políticos do Estado e o empresariado do setor privado, em prol da reformulação total do SUS e das normas que regem os planos de saúde. Mas o feito mais devastador desse governo para a proteção social foi a aprovação da Emenda Constitucional (EC) nº 95, em 2016, que congela por 20 anos os gastos primários do orçamento público, impondo desfinanciamento ainda mais drástico ao sistema protetivo, que se revelou destrutivo na saúde pública.

Essa perspectiva de desmonte se fortalece com o governo de Jair Bolsonaro, que intensifica a agenda ultraconservadora — seja pela ampliação de cortes brutais no orçamento sistema e pelo cancelamento do programa Mais Médicos, cujo substituto não deslanchou; seja pela centralidade imposta à lógica manicomial, pondo por terra conquistas da Reforma Psiquiátrica, e pela priorização dada às comunidades terapêuticas em detrimento dos Centros de Atenção Psicossocial (Caps); seja, ainda, pelas investidas contra a saúde indígena e pela desfiguração da atenção básica (BRAVO; PELAEZ, 2020).

É nesse cenário precarizado que vão incidir os deletérios efeitos da pandemia da Covid-19 — de fato, uma grave crise sanitária que intensifica a crise estrutural, que desencadeou mudanças profundas e desagregadoras na ordem do capital —, provocando tanto um reconhecimento social da relevância do SUS, o que é positivo, quanto uma atuação errática e negacionista por parte do governo Bolsonaro, que ficou à mercê das iniciativas e protagonismos do Congresso Nacional, de outros entes federados e do Judiciário, mantendo permanente embate com a comunidade científica e as organizações de saúde, internacional e nacional. Do que resultou um quadro sanitário dramático, com elevados índices de contaminação, agravamentos e mortes — muitas evitáveis, contudo, expressivamente revelador das desigualdades sociais e raciais do país.

No tocante à Política de Assistência Social, as dificuldades se revelariam ainda mais acachapantes, a começar pela regulamentação, em 1993, da Lei Orgânica da Assistência Social (LOAS), a mais tardia das três políticas da Seguridade, sendo a Saúde a primeira, em 1990, seguida da Previdência, em 1991. A regulação, por fim concretizada no governo de Itamar Franco, perdeu muito da substância protetiva pretendida, mas a sua formalização fomentou intenso debate político-teórico e definiu um campo de luta.

Entretanto, o desenho constitucional descentralizado, participativo e pactuado entre os entes federados tardou a ser formalizado, atravessando os governos da década de 1990 com a condição de política pública ignorada, vigendo formatos confrontadores, como o *Comunidade Solidária* e os demais esboços subsequentes dessa linha. Tais programas funcionaram como meios de contenção às pretensões políticas dos movimentos sociais e associações profissionais, que pressionavam para que a assistência social fosse efetivamente alçada à condição de política de Estado.

Essa construção somente foi alcançada no governo de Luiz Inácio Lula da Silva, quando as condições conjunturais se apresentaram favoráveis à pactuação política do que fora deliberado pela IV Conferência de Assistência Social, em 2003, com a Política Nacional de Assistência Social (PNAS) sendo aprovada em 2004 e o Sistema Único de Assistência Social (SUAS) em 2005, mais de uma década após a regulamentação da sua lei orgânica. Esta foi consubstanciada como política pública propiciadora de direito, submetida ao controle social, às deliberações políticas coletivas e às pactuações colegiadas.

Somam-se a esse patamar regulatório inicial a Norma Operacional Básica de Recursos Humanos (NOB-RH/SUAS), de 2006, destinada a prover quadro funcional qualificado, mediante a definição das equipes de referência, as quais tiveram as suas atribuições profissionais de níveis superior, médio e fundamental definidas, posteriormente, pelo Conselho Nacional de Assistência Social (CNAS); e a NOB/SUAS de 2012, que substitui a anterior, após a nova pactuação imprimida à LOAS, em 2011, que incorpora o SUAS em seu registro legal.

Em que pese a hegemonia neoliberal já prenunciar limites muitos estreitos para a assistência social mesmo nos moldes instituídos, as bases materiais erigidas redefiniram possibilidades de cobertura e de práticas institucionais. Concretamente se difundiram, em âmbito nacional, um novo formato de gestão, previsão orçamentária e um conjunto de referenciais, equipamentos públicos, formas de abordagens, serviços e benefícios que deram visibilidade à assistência social (SILVEIRA, 2017). Também se ampliou o espaço de disputa em torno da sua base conceitual, bem como sobre a atuação do exercício profissional, requisitando-se atribuições pautadas pelo compromisso ético e político desses atores para com os direitos sociais dos usuários.

Todos esses processos de potencial democrático, práticas e garantias instituídas estão sendo implodidos pela gestão conservadora que está a arrefecer seus acessos e a restringir ou dificultar as deliberações coletivas, ofertando serviços e condições de trabalho precarizados, além de desconsiderar e até mesmo confrontar a autonomia do sistema, como a imposição no governo Temer do Programa Criança Feliz, cuja configuração pontual, voluntarista e personalista atende às prescrições postas pelo conservadorismo reinante.

Sob o domínio neoliberal, o que se coloca como estratégico para a reprodução da estrutura de classes são as transferências monetárias, com focalização extremada, condicionadas a exigências e de baixo custo. Trata-se de uma forma de responder ao mundo precarizado do trabalho, donde se conclui que a assistência social assume função, também ela estratégica, de contemplar as massas pauperizadas que não encontrarão emprego, mas que são essenciais ao processo de reprodução do capital (MOTA, 2006).

Este ponto de vista deixa de fora o Benefício de Prestação Continuada (BPC), por se constituir em um direito para quem consegue atender aos requisitos draconianos, com valor vinculado ao salário mínimo, o que também explica a contínua tentativa conservadora de desconstruí-lo.

A primazia do combate à pobreza no contexto da precarização do trabalho e a pujança que a proposição das *bolsas sociais* adquiriu nos circuitos de poder, como o Banco Mundial e o Banco Interamericano de Desenvolvimento (BID), e em espaços regionais, como o latino-americano, permitem inferir, segundo Mota (2006, p. 8), que a assistência social passa a se estabelecer "como um mecanismo determinado pela esfera da produção material, robustecido no plano superestrutural como uma prática política", que contempla distintos interesses.

Nesses tempos em que se entrelaçam crise do capital e crise sanitária, intensificando e acelerando desigualdades e processos expropriadores, a discussão sobre transferência monetária, de cariz liberal, foi revigorada mundialmente, ensejando viabilizar uma renda básica permanente.

No Brasil, o debate também toma impulso com o baque numa economia já declinante devido à pandemia que destruiu milhares de empregos. Em vista disso, o Auxílio Emergencial assume relevância estratégica, gerando embate entre o Congresso Nacional e o Executivo, que pretendia aplicar valores mais baixos, findando derrotado. Os valores iniciais repassados para desempregados, informais e usuários do Bolsa Família são inéditos na história do país, reduzindo temporariamente a desigualdade de renda e de pobreza. Contudo, a gestão do benefício se deu à margem da política social que lhe é própria – a Assistência Social.

Na previdência social, cujos benefícios encontram-se amparados em recursos financeiros robustos e renováveis, o empenho contrarreformista tem sido permanente e desestruturador, ocupando a agenda de todos os governos pós-redemocratização.

Fernando Henrique Cardoso foi o governante que empreendeu a primeira contrarreforma na previdência social, como parte fundamental do movimento mais amplo de reestruturação do Estado brasileiro, conduzido em meio aos impactos da crise do capital e da gestão macroeconômica do país, sob a ótica neoliberal. Tal receituário ganhou força sinalizadora com o *Consenso de Washington*, embora os governos anteriores já fossem pautados pela atuação de organismos como o FMI e o Banco Mundial nas suas prescrições austeras e privatizantes (BEHRING, 2003).

O governo criou o Fundo Social de Emergência (FSL), depois DRU, para abocanhar parte do orçamento da seguridade social, instituindo um padrão de confisco dos recursos sociais que será seguido por todos os governantes, sob o argumento de tentar debelar a crise fiscal do país, para a qual funcionou "a socialização da ideia de que a crise afeta indistintamente toda a sociedade", conforme anota Mota (1995, p. 108). Minam-se, desse modo, "as posições antagônicas de classe, ao tempo que se constrói um modo de integração passiva à ordem do capital" (MOTA, 1995, p. 108).

A contrarreforma que o governo empreendeu no Regime Geral da Previdência Social (RGPS) conformou a Emenda Constitucional nº 20, de 1998, que alterou profundamente a lógica da concessão de aposentadorias. Estas eram até então concedidas observando-se o *tempo de serviço*, mediante a modalidade *por tempo de contribuição*, num formato do caminho fiscal e privatista para a previdência que os governos seguintes vão perseguir, na visão de Faleiros (2000, p. 263), atinente a "um processo de refundação das relações de acumulação e das relações de classe".

Sob a lógica desse processo *refundador* ficou estabelecido o teto máximo de benefícios, R$ 6.433,57, em 2021, bem como para o salário-família (restrito aos de "baixa renda"). Privatizou-se o seguro de acidentes de trabalho e extinguiu-se a aposentadoria proporcional para os sistemas público e privado. Os professores universitários foram excluídos da aposentadoria especial (contribuição reduzida), diferenciando-se dos demais. Como o governo não conseguiu estabelecer uma idade mínima para as aposentadorias, instituiu, em 1999, um redutor para seus valores, o *fator previdenciário*, o que foi facilitado pela aprovação da desconstitucionalização do cálculo dos benefícios, entre outros ajustamentos (FALEIROS, 2000; SILVA, 2018).

Como dito, os governos que se seguiram, de Luiz Inácio Lula da Silva e de Dilma Rousseff, não contrariaram a lógica neoliberal na condução do Estado brasileiro. Behring (2018, p. 52) infere que "constituíram um segundo momento do neoliberalismo no Brasil", cujos resultados, em grande parte decorrentes dos programas de transferência de renda, revelaram-se positivos nas condições de vida dos segmentos mais pauperizados, contudo sem "rupturas substantivas" da doutrina neoliberal (*Id., ibid.*, p. 61).

Tratando-se desse processo, o governo Lula aprovou duas alterações constitucionais, a primeira através da EC nº 41, de 2003, cujo alvo foi o sistema de previdência dos servidores públicos da União, pondo fim à aposentadoria integral e introduzindo limites de idade para acessá-la — 55 anos para as mulheres e 60 anos para os homens —, regramento que se estendeu aos servidores dos demais entes federados. Também estipulou o teto do RGPS como limite para a aposentadoria dos novos servidores, condicionando tal medida à criação da previdência complementar. Ademais, impôs taxação aos inativos sobre o valor que exceder o teto do RGPS, algo estranho ao sistema.

A segunda alteração veio com a EC nº 47, de 2005, que garantiu a aplicação das regras de integralidade e paridade aos servidores que ingressaram no serviço público até a data da publicação da EC nº 20. Silva (2018) também destaca o dispositivo que permitiu flexibilizar a contribuição patronal, que abriu caminho para a desoneração em massa das renúncias tributárias, bem como permitiu que o regramento para os trabalhadores de baixa renda fosse feito por lei ordinária, com alíquotas reduzidas, porém sem direito à aposentadoria por tempo de contribuição, A criação de programas como o Microempreendedor

Individual (MEI) e o facultativo de baixa renda (donas e donos de casa) deriva desse regramento.

Já o governo Dilma Rousseff enfrentou um quadro conjuntural bem mais complexo, com severa retração econômica. Em resposta às pressões do mercado, o governo recorreu crescentemente ao expediente das renúncias fiscais e ao contingenciamento de recursos públicos para manter o superávit primário, mecanismo "que permaneceu como cláusula pétrea da economia brasileira desde o acordo com o FMI de 1999, tendo em vista sua importância para a segurança dos credores da dívida pública" (BEHRING, 2018, p. 57).

O governo também atuou em duas frentes para intensificar privatizações e reduzir os custos com os benefícios. A primeira delas foi a criação da Fundação de Previdência Complementar do Servidor Público Federal (FUNPRESP), em 2012, finalizando o processo privatista iniciado na década de 1990.

A segunda frente de ataque deu-se com a edição das medidas comuns aos dois regimes de previdência, afetando o sistema de pensões, que perderam a vitaliciedade e passaram a vigorar mediante critérios de elegibilidade que exigem comprovação temporal da contribuição previdenciária e da relação conjugal, valendo as mesmas regras para o auxílio-reclusão. Também sofreram alterações o auxílio-doença, a aposentadoria por invalidez, o abono salarial e o seguro-desemprego, que dificultaram acessos, valores e tempo de usufruto.

O governo Temer não conseguiu aprovar a sua proposta de contrarreforma da previdência, mas impôs uma ampla derrota à classe trabalhadora com a contrarreforma trabalhista, a Lei da Terceirização e a aprovação da EC nº 95, instrumentos poderosos de expropriação de direitos do trabalho e dos serviços e benefícios sociais, numa ação coordenada para tornar o fundo público cativo do *capital portador de juros*.

No momento em que a sociedade brasileira se dinamiza a partir da expansão e da evolução selvagem do capital financeiro, bem como das oposições que se gestam nesse mesmo processo, há temas que ganham um significado maior de urgência e de resistência. Como exemplo, o projeto ainda mais radicalizado do governo Bolsonaro, propenso a liberar todas as amarras que impedem a apropriação desenfreada do patrimônio e do fundo públicos.

Sob tal ditame, embora tenham sido preservados alguns direitos, como o piso do salário mínimo, o abono salarial, a aposentadoria rural, entre outros, o governo conseguiu aprovar a mais drástica de todas as contrarreformas da previdência para os setores público e privado, a partir da idade mínima — 62 anos para as mulheres e 65 para os homens, com 15 e 20 anos de contribuição, respectivamente —, com o acréscimo de cinco anos de contribuição para que homens e mulheres consigam aposentadoria integral, entre 35 e 40 anos; da alteração na base do cálculo das aposentadorias, que passa a considerar todas as contribuições e não mais os 80% dos melhores salários; da elevação dos valores das contribuições e da redução dos valores da pensão por morte, entre outros, o que resulta numa equação que demanda mais tempo de trabalho, contribuições mais elevadas, benefícios menores e usufruto ínfimo.

Ainda assim, transformar a previdência pública em um produto financeiro, capitalizando seus recursos, cujo risco e dano dar-se-ão exclusivamente às expensas dos trabalhadores, permanece como um *espectro da ordem* a assombrar a classe trabalhadora.

Na seguridade social já fraturada, isso significa o risco de despossuir ainda mais os trabalhadores dos seus meios de existência. Em sintonia com um movimento concertado mundialmente, o que está se destruindo é a possibilidade de qualquer forma civilizatória de existência, daí a necessidade da subsunção total do trabalhador "para torná-lo colaborador do sistema que o aprisiona e aniquila" (TAVARES, 2018 p. 300).

## Considerações finais

Na leitura da realidade que se apresenta e no tocante à seguridade social brasileira, todas essas circunstâncias histórico-concretas, estruturais e conjunturais — e os danos ocorridos nas últimas três décadas no sistema — foram decisivas para a sua devastação, deixando-a no estado em que atualmente se encontra, sob a ameaça de uma derrocada total, o que impõe às classes trabalhadoras a formação de trincheiras de resistência em sua defesa e na defesa de um projeto emancipatório.

Na totalidade do processo descrito, algumas contradições se explicitam. Por um lado, o Estado, que se apresenta à sociedade como potencial solucionador dos problemas resultantes da pauperização dos trabalhadores — desemprego, informalidade, violência urbana e rural, inchação das periferias e outras tantas sequelas do capitalismo —, é, ele próprio, particularmente no caso da destruição da seguridade social e da proteção social em geral, a requisitada instância criadora das condições da ação expropriadora. Por outro lado, em sua função coordenadora das necessidades crescentes da expansão do capital portador de juros, cria as condições para o exercício e a aprendizagem da organização da classe trabalhadora que, através de sua resistência, poderá viabilizar a luta contra a ordem.

## Referências

ANDERSON, Perry. Balanço do neoliberalismo. *In*: SADER, E.; GENTILI, P. (org.). *Pós-neoliberalismo*: as políticas sociais e o Estado democrático. Rio de Janeiro: Paz e Terra, 1995. p. 9-23.

BEHRING, Elaine Rossetti. *Brasil em contrarreforma*: desestruturação do Estado e perda de direitos. São Paulo: Cortez, 2003.

BEHRING, Elaine Rossetti. Fundo público, exploração e expropriação no capitalismo em crise. *In*: BOSCHETTI, I. (org.). *Expropriação e direitos no capitalismo.* São Paulo: Cortez, 2018. p. 187-209.

BEHRING, Elaine Rossetti. Ajuste fiscal permanente e contrarreforma no Brasil da redemocratização. In: *Crise do capital e fundo público*: implicações para o trabalho, os direitos e a política social. São Paulo: Cortez, 2019. p. 42-65.

BOSCHETTI, Ivanete. Expropriação de direitos e reprodução da força de trabalho. *In*: BOSCHETTI, I. (org.). *Expropriação e direitos no capitalismo*. São Paulo: Cortez, 2018. p. 131-165.

BRAVO, Maria Inês Souza; PELAEZ, Elaine Junger; MENEZES, Juliana Souza Bravo de. A saúde nos governos Temer e Bolsonaro: lutas e resistências. *Ser Social*, Brasília, v. 22, n. 46, jan./jun. 2020.

BRAVO, Maria Inês Souza; PELAEZ, Elaine Junger; PINHEIRO, Wladimir Nunes. As contrarreformas na política de saúde do governo Temer. *Argumentum*, v. 10, n. 1, p. 9-23, jan./abr. 2018.

CHESNAIS, François. *A mundialização do capital*. São Paulo: Xamã, 1996.

FALEIROS, Vicente de Paula. *A política social do Estado capitalista*: as funções da previdência e da assistência sociais. 4. ed. São Paulo: Cortez, 1985.

FALEIROS, Vicente de Paula. A questão da reforma da previdência social no Brasil. *Ser Social*, Brasília, n. 7, 2000.

FONTES, Virginia. As transformações dos meios de existência em capital — expropriações, mercado e propriedade. *In*: BOSCHETTI, I. (org.). *Expropriação e direitos no capitalismo*. São Paulo: Cortez, 2018. p. 17-61.

HARVEY, David. *Condição pós-moderna*. 4. ed. São Paulo: Loyola, 2005.

MANDEL, Ernest Ezra. *O capitalismo tardio*. São Paulo: Abril Cultural, 1982.

MOTA, Ana Elizabete. *Cultura da crise e seguridade social*: um estudo sobre as tendências da previdência e da assistência social, brasileira nos anos 80 e 90. São Paulo: Cortez, 1995.

MOTA, Ana Elizabete. (org.). *O mito da assistência social*: ensaios sobre Estado, política e sociedade. Recife: Ed. Universitária da UFPE, 2006.

MOTA, Ana Elizabete. Expropriações contemporâneas: hipóteses e reflexões. *In*: BOSCHETTI, I. (org.). *Expropriação e direitos no capitalismo*. São Paulo: Cortez, 2018. p. 167-186.

SALAMA, Pierre. Para uma nova compreensão da crise. *In*: SADER, E.; GENTILI, P. (orgs.). *Pós-neoliberalismo*: as políticas sociais e o Estado democrático. Rio de Janeiro: Paz e Terra, 1995. p. 51-53.

SILVA, Maria Lúcia Lopes da. Contrarreforma da previdência social sob o domínio do capital financeiro. *Serviço Social & Sociedade*, São Paulo: Cortez, n. 131. p. 130-154, set./dez. 2017.

SILVEIRA, Jucimeri Isolda. Assistência social em risco: conservadorismo e luta social por direitos. *Serviço Social & Sociedade*, São Paulo: Cortez, n. 130, p. 487-506, set./dez. 2017.

TAVARES, Maria Augusta. Empreendedorismo e expropriação da subjetividade. *In*: BOSCHETTI, I. (org.). *Expropriação e direitos no capitalismo*. São Paulo: Cortez, 2018. p. 293-309.

TEIXEIRA, May Jane de Oliveira. O. A urgência do debate: as contrarreformas na política da saúde no governo Temer. *Argumentum*, Vitória, v. 10, n. 1, p. 33-50, jan./abr. 2018.

CAPÍTULO 2

# A Crise Contemporânea Brasileira e a Contrarreforma Previdenciária:
## a destruição da previdência social pública

*Ana Maria Baima Cartaxo*
*Maria do Socorro Reis Cabral*

## 1. Introdução

A partir dos anos de 1990, o Brasil inaugura um ciclo contínuo de desconstrução dos direitos previdenciários com a implementação de medidas de cunho neoliberal. Esse ciclo se inscreve no cenário de uma crise estrutural do capitalismo em escala planetária, marcada por forte queda das taxas de lucro, cuja busca de recuperação vem-se dando pela via da reestruturação produtiva de base flexível, associada às novas metodologias da força de trabalho. Na esfera do Estado, as medidas neoliberais impõem um redimensionamento do seu papel com forte desmonte das medidas de proteção social, cujo exemplo chileno é paradigmático. Esse quadro configura a etapa capitalista de financeirização, em que o capital disputa os recursos do fundo público.

Após a promulgação da Carta Constitucional de 1988, os governos brasileiros programaram mudanças na proteção previdenciária, que vão desde alterações constitucionais[1] até leis orgânicas, medidas provisórias e normas internas, com forte traço de regressão, na medida em que reduziram direitos inscritos, conquistados historicamente pelos trabalhadores.

As contrarreformas estruturais subordinam-se e abrangem as prescrições do Consenso de Washington para a América Latina, destinadas a uma integração específica: a chamada globalização, que, entre outras exigências, promove a liberação de taxas na entrada de produtos dos países de capitalismo central.

Como reação a esse processo, desencadearam-se mobilizações de trabalhadores em todo o país, com manifestações e protestos, sob o protagonismo do movimento organizado dos trabalhadores em vários dos governos das décadas de 1990-2000.

Planejamos, neste breve ensaio, tratar dos fundamentos basilares e de particularidades dessa crise que determinaram as contrarreformas previdenciárias em seus efeitos deletérios e seus desdobramentos, no contexto de 2016-2020. Nesse sentido, neste capítulo, para além da introdução e das considerações finais, há três seções que tratam da crise, cuja restauração tem como um dos aspectos centrais a contrarreforma mencionada que examinaremos, especificamente, nas conjunturas de 2016-2017, no governo Temer, e, a partir de 2018, no governo Bolsonaro em curso.

Este capítulo busca contribuir para a discussão do tema e para suscitar novos estudos, almejando construir estratégias de luta e resistência.

---

1. EC nº 20 /15/12/1998 — Governo Fernando Henrique Cardoso; ECsnºs: 40/29/05/2003, 41/19/12/2003, e 47/05/07/2005 — Governo Luis Inácio Lula da Silva.

## 2. Crise do Sistema Capitalista e Demolição do Trabalho — Fundamentos das Contrarreformas Previdenciárias

Entendemos que os fundamentos das contrarreformas previdenciárias no mundo contemporâneo têm como eixo central a crise do sistema capitalista, iniciada nas décadas de 60 e 70 do século passado, que adentrou o século XXI com a reprise da crise do sistema financeiro. A restauração do capital pela dominância da financeirização, com seus desdobramentos na demolição do trabalho, submete os direitos sociais a essa lógica, convertendo-os em instrumentos de valorização do capital. Este é o fundamento razoado dessas contrarreformas.

Autores como Mészáros (2002; 2013), Harvey (2012), Antunes (2009), Fontes (2009), Sampaio Jr. (2009) e outros proclamam que a crise atual do sistema capitalista é ímpar, comparativamente com as crises cíclicas desse sistema, em razão de sua difusão em um complexo de destruição que (...) "atinge não apenas o mundo das finanças globais mais ou menos parasitárias, mas também todos os domínios da nossa vida social, econômica e cultural" (ANTUNES, 2011, p. 16). É a partir dessa compreensão estrutural, peculiar ao capitalismo, que a política previdenciária pública brasileira se encontra em um processo contínuo de destruição, no quadro geral de desmoronamento da proteção social, a partir do seu fundamento basilar, o trabalho.

Para Mészáros (2013), é estrutural, mas congrega ao mesmo tempo a particularidade cíclica e conjuntural do passado, daí o seu caráter devastador, ao incidir sobre as forças de menor resistência — ou seja, o trabalho, as lutas dos trabalhadores e seu sistema de proteção social. Nesse sentido, o autor insiste que: "A crise estrutural se faz valer *ativando os limites absolutos do capital como modo de reprodução social metabólica*" (MÉSZÁROS, 2011, p. 136).

Para o referido autor, não se trata somente de uma crise financeira, mas também da autodestruição humana.

A relação, no sistema capitalista produtivo, entre o valor de uso, a sua utilidade no atendimento das necessidades humanas e o valor de troca das mercadorias significa a subordinação do primeiro ao segundo no amplo espectro da relação contraditória entre capital e trabalho.

A crise atual rompe, no limite, essa relação entre valor de uso e valor de troca com a dominância do capital financeiro e a flexibilização do trabalho contratado e regulado. Assim, na crise atual, para o autor referido, "[...] a *utilidade* pode ser perfeitamente igualada à *antinecessidade*, e, neste sentido, à afirmação prática negadora-de-necessidade do *antivalor*" (MÉSZÁROS, 2002, p. 617).

O trabalho vivo que se expandiu como necessário ao estágio do desenvolvimento capitalista produtivo, nos séculos XIX e XX, baseado nos fundamentos teóricos do taylorismo e do fordismo, propiciou a maior produção da mais-valia com a maior exploração da força de trabalho e, contraditoriamente, concorreu para a maior organização dos trabalhadores, impulsionando suas lutas por direitos sociais, trabalhistas e previdenciários. Em grande medida, concorreu para o surgimento dos Estados de Bem-Estar Social nos países de capitalismo centrais. E, nos países periféricos, entre os quais o Brasil, demarcou o surgimento de um sistema de proteção social restrito, em que o sistema previdenciário, alicerçado na Consolidação das Leis do Trabalho (1943), adquiriu protagonismo central.

A centralidade do trabalho, na lei geral de acumulação capitalista, segundo Marx (1980, p. 584),

> [...] não é apenas a produção de mercadorias, ela é essencialmente produção da mais-valia. O trabalhador não produz para si, mas para o capital. Por isso não é mais suficiente que ele apenas produza. Ele tem que produzir mais-valia.

A exploração do trabalho pela extração da mais-valia absoluta e relativa, pelo trabalho excedente que, segundo Marx (1980), se expressa na extensão da jornada de trabalho para além do valor do trabalho é apropriada pelo capitalista. Dessa maneira, o salário é quantificado pelo tempo de trabalho necessário à realização do produto para apenas reproduzir a sua força de trabalho. As consequências desse sistema, com o desenvolvimento das forças produtivas tecnológicas, criam uma superpopulação excedente que, além de regular o preço dos salários, vai determinar a expulsão dos trabalhadores.

A restauração da crise atual, diferentemente dos mecanismos de expansão econômica já utilizados, buscará atingir o trabalho e o seu sistema de proteção social — a previdência.

No Brasil, a flexibilização do trabalho vem ocorrendo com mais veemência desde 2014 e se aprofundou com a terceirização ilimitada — Lei n. 13.429, 31 de março de 2017 — e com a contrarreforma trabalhista — Lei n. 13.467, de 13 de julho de 2017. No quadro de crise econômica, essas medidas promovem a destruição de postos de trabalho formais, o desemprego e a informalidade de milhões de trabalhadores.

Como corolário para o agravamento da crise capitalista, instaurou-se, em 2020, uma pandemia por coronavírus, a covid-19. Diante da questão, o governo brasileiro acionou medidas contraditórias e diversas daquelas tomadas por grande parte dos demais países. Como exemplo, viram-se a redução de salários e jornadas de trabalho, a suspensão de contratos, a extinção de direitos, evidenciando o escopo dos arranjos econômicos. "[...] em tempos do capitalismo 'financeirizado', escancara-se seu potencial disruptivo[2]" (BELLUZZO *apud* BIAVASCHI; VAZQUES, 2020, s. p.).

O Brasil ostenta, hoje, uma taxa de desemprego de 13,3%, correspondendo a 12,8 milhões de pessoas, com um número de 8,6 milhões sem carteira assinada, 21,7 milhões de trabalhadores por conta própria e de 30,8 milhões de trabalhadores informais (AGÊNCIA

---

2. Trata-se das MP 937/22.03/20. a 19/07/2020 ; e MP936/2020 transformada na Lei 14.020/06/07/20 "Institui o Programa Emergencial de Manutenção do Emprego e da Renda; dispõe sobre medidas complementares para enfrentamento do estado de calamidade pública reconhecido pelo Decreto Legislativo nº 6, de 20 de março de 2020 (...)" .

IBGE NOTÍCIAS, 2020), enquanto continua intocável o pagamento da dívida pública com altas taxas de juros e amortizações no valor de 1,038 trilhão em 31 de dezembro de 2019 (Fatorelli, Auditoria Cidadã da Dívida Pública, 2020).

A restauração capitalista no enfrentamento da crise desloca a sua valoração da produção para o sistema financeiro e se constitui na particularidade central das contrarreformas previdenciárias no Brasil, especialmente.

## 3. Particularidades das Contrarreformas Previdenciárias

### *3.1. Financeirização do Capital*

Entendemos que o processo de financeirização do capital, "mundialização financeira", segundo Chesnais (2013, p.12),

> [...] designa as estreitas interligações entre os sistemas monetários e os mercados financeiros nacionais, resultantes da liberalização e desregulamentação adotadas inicialmente pelos Estados Unidos e pelo Reino Unido, entre 1979 e 1987, e nos anos seguintes pelos demais países industrializados. A abertura, externa e interna, dos sistemas nacionais, anteriormente fechados e compartimentados, proporcionou a emergência de um espaço financeiro mundial.

Esse processo se constitui como uma das particularidades explicativas das contrarreformas da previdência por meio dos fundos privados de pensões, da apropriação do fundo público e por mecanismos estratégicos, como a DRU (Desvinculação de Receitas da União), criados pelo governo em prol da formação de superávits necessários ao pagamento da dívida pública, agente promissor do capital financeiro em detrimento da redução das políticas sociais, especialmente da política previdenciária pública.

Chesnais considera que a expansão desse capital correspondeu à liberalização e à desregulamentação dos sistemas financeiros nacionais, como também à passagem de um sistema de "finanças administradas para um sistema de mercado" (CHESNAIS, 2013, p. 14-15).

Conforme Pilhon (2013), existe uma correlação entre crescimento da financeirização global, liberalização econômica e aumento dos déficits públicos nos países industrializados, desde os anos de 1980. Isso em razão de que o aumento da dívida impulsionou, a partir dos Estados Unidos, a busca pelos investidores externos na aquisição de títulos públicos nacionais, o que levou esse país, de principal credor, a devedor internacional. Processo esse que determinou importante transformação na distribuição de capitais internacionais. Isso impulsionou as políticas de ajustes impostas pelo FMI aos países devedores, tendo como consequência a globalização financeira.

O "(...) modo de acumulação financeirizado mundial", segundo Chesnais (2013, p. 22), tem consequência "*desigual* "e "*imperfeito*" (grifo do autor) "Elas penalizam, de modo particularmente severo, os países em vias de desenvolvimento, em sentido estrito (PISANI-FERRY; SGARD, 1966 *apud* CHESNAIS, 2013, p. 14).

A América Latina e particularmente o Brasil, no início da década de 1990, aderiram ao Plano Brady; essa adesão é responsável pela securitização e as taxas de juros altos para o pagamento da dívida externa.

Esse processo explica o interesse pelas contrarreformas previdenciárias, objetivando sua privatização via fundos privados de pensões.

### 3.1.1 Fundos de Pensões e Financeirização

Segundo ainda Chesnais (2013, p. 17), *os fundos de pensões*, com "as sociedades de aplicação coletiva", constituíram elementos fundamentais do mercado financeiro mundial, quando o crescimento da poupança foi insuficiente para que os governos sanassem seus déficits. E acrescenta que os fundos de pensões foram os mais favorecidos nesse processo, juntamente à liberalização e à desregulamentação.

Para esse autor:

> [...] o crescimento da esfera financeira deve-se aos fluxos de riquezas inicialmente formadas como salários e benefícios sociais [...] antes de serem sugados pelo Estado à esfera financeira, a título de pagamento de juros ou de reembolso do principal da dívida pública (CHESNAIS, 2013, p. 16).

Salvador (2010, p. 362) considera que: "Um dos principais beneficiários dessa política são os fundos de pensão, que têm apresentado um crescimento extraordinário no país, com seus ativos evoluindo acima do PIB". Segundo ele, o montante de ativos das Entidades Fechadas de Previdência Complementar passou de R$ 189,43 bilhões, em dezembro de 2002, para R$ 457,69 bilhões, em dezembro de 2007 (SALVADOR, 2010, p. 363). E conforme o Relatório Integrado, de 2019, passou de R$ 904,2 bilhões, em dezembro de 2018, para R$ 989,5 bilhões, em dezembro de 2019 (Sistema Nacional de Previdência Complementar)[3].

É na mira desses fundos de pensões, no contexto da financeirização do capital, que residem o interesse e a razão primeira das contrarreformas previdenciárias do sistema público. É taxativa a afirmação de Capelletto[4] (2019, p. 6): "Em adição, a aprovação da Nova Previdência[5] trouxe mudanças significativas para as regras do regime geral que culminarão no crescimento da demanda pela previdência complementar".

Conforme Granemann (2006, p. 5):

---

3. Segundo o Relatório Integrado 2019 há 299 entidades no sistema de previdência complementar privada: 187 privadas e 90 públicas (p. 6).

4. Lucio Capelletto – superintendente da Superintendência Nacional de Previdência Complementar na Apresentação do Relato Integrado 2019 – PREVIC.

5. "Nova previdência" referência à Contrarreforma da Previdência, governo Bolsonaro ,realizada pela EC6/ 2019.

Todavia, para que a "previdência privada" logre ter sucesso, a previdência social — sem rodeios, pública e por repartição — deve ser amputada, reformada, reduzida a uma política mínima para os mais pobres dentre os trabalhadores que possuem vínculo empregatício.

Além desses fundos de pensões, constituem-se como particularidades dessas contrarreformas previdenciárias as estratégias de expropriação pública por meio do Fundo da Seguridade Social.

### 3.1.2 Estratégias de Expropriações — Desvinculação de Receitas da União (DRU)[6], Desonerações e Renúncias Fiscais

Essas estratégias de expropriações do Fundo da Seguridade Social, além de amputá-lo em prol da financeirização do capital, conforme nos relata Salvador (2010; 2012), constituem fundamentos ideológicos do seu déficit, justificativa central das contrarreformas previdenciárias.

Segundo o *Relatório resumido do Tesouro Nacional*, em 2019 o valor dessa desvinculação foi da ordem de R$ 92.354.035 bilhões (BRASIL, 2019, p. 43); e em janeiro/fevereiro de 2020, foi de R$ 31.179 bilhões (BRASIL, 2020, p. 36).

Com relação às renúncias e de acordo com a Secretaria da Receita Federal (ANFIP, 2018, p. 22), elas foram de R$142,6 bilhões em 2012; em 2016, somaram R$ 264,7 bilhões; e o estimado para 2019 foi de R$ 307,1 bilhões.

As desonerações[7], segundo Gentil (2020, p. 431), em 2018, atingiram a cifra de R$ 283,4 bilhões, dos quais 52% correspondem à Seguridade Social.

---

6. Foi criada em 1994, com o Plano Real, com o nome de Fundo Social de Emergência (FSE). Teve várias prorrogações e o nome foi mudado nos anos 2000 para Desvinculação de Receitas da União. Em julho 2015 o governo federal enviou ao Congresso Nacional a Proposta de Emenda à Constituição (PEC) 87/2015, estendendo novamente o instrumento até 2023. E aumentou o valor da desvinculação de 20% para 30% (Agência Senado. Foi extinta com a EC nº 103/2019.

7. As desonerações se referem à mudança da alíquota da contribuição patronal previdenciária. Esta incidia em 20% sobre a folha de pagamento. A PEC 233/2008 – reduziu essa alíquota de

Além dessas perdas, temos a refletir sobre o índice de sonegação das contribuições previdenciárias, estimadas em 103 bilhões ao ano, equivalentes a 1,7% do PIB (SINPROFAZZ *apud* GENTIL, 2020, p. 431). E, também, como fonte perdida, o Pré-sal do petróleo, que deveria arrecadar entre 2018-2040 um valor na ordem de 1 trilhão de reais (GENTIL, 2020, p. 431).

Diante desses arrazoados, que particularizam a contrarreforma proposta pelo governo bolsonarista, não surpreende dizer que o principal motivo do propalado déficit não passa de uma miragem, haja vista que, de acordo com os estudos da ANFIP (2018), o orçamento da Seguridade, em 2018, foi da ordem de R$ 820,3 bilhões, ultrapassando em R$ 39,19 bilhões os valores de 2017. A receita total das contribuições sociais foi da ordem R$ 791,6 bilhões (ANFIP, 2018, p. 37).

Cabe a pergunta: a quem interessa a "reforma" da Previdência? Antes de tecermos ponderações a respeito, comentaremos os principais pontos da contrarreforma da Previdência, expressos na EC 103, de 13 de novembro de 2019.

## 4. As Contrarreformas Previdenciárias de 2016-2020 — do Fundamentalismo Ultraneoliberal ao Recrudescimento Conservador

A crise econômica se abate sobre o país desde 2014, agravada com o golpe parlamentar-jurídico-midiático, orquestrado pelo capital financeiro e pelo governo americano.

---

20% para 14% . Em 2011 por meio da MP 540/2011, substituiu a modalidade integralmente da folha de pagamento para a de faturamento. "As exportações, as vendas canceladas e os descontos incondicionais concedidos são deduzidos da base de cálculo do faturamento". (ANFIP, 2012, p. 19). Abrangia os setores de tecnologia da informática com alíquota de 2,5% e têxtil com 1,5%. Referida medida foi transformada na Lei 12.546 de 14.12.2011, ampliou o rol das empresas beneficiadas por essa desoneração.Com a MP 563/2012 as alíquotas abrangidas anteriormente sofreram reduções de 2,5% para 2,0% e de 1,5% para 1,0%.

O golpe de 2016 abriu caminho para a extrema-direita comandar o país e radicalizar a implementação de medidas ultraneoliberais, nos governos Temer (2016-2017) e Jair Bolsonaro (2018-2022).

A proposta da contrarreforma previdenciária do governo Temer foi consubstanciada na Emenda Constitucional — PEC 287/2016.

Precede essa emenda um conjunto de medidas, já aprovadas, a título de ajuste fiscal, que incidem diretamente na Seguridade Social: aumento da DRU (já explicitada); aumento do estoque da dívida pública que alcançou R$ 4 trilhões, em 2015 (Auditoria Cidadã da Dívida Pública, 2016); e a EC 95, de 15 de dezembro de 2016 — estabelece teto para os gastos primários, congelando-os por 20 anos, corrigindo-os apenas pela inflação. Não considera o aumento populacional nesses 20 anos.

A Reforma Administrativa efetivada pelo governo implode o Ministério da Previdência Social que, até então, era o Ministério responsável pela elaboração, gestão e fiscalização da política previdenciária, incorporando-o ao Ministério da Fazenda. Com essa extinção, apenas a área operacional, sob a responsabilidade do INSS, foi para o Ministério do Desenvolvimento Social e Agrário.

No cômputo desse quadro, uma das medidas centrais do governo Temer (2016-2017) foi a proposta de contrarreforma previdenciária que pretendia alterar mudança no capítulo da Seguridade Social, particularmente na Previdência. Concomitantemente, o governo efetivou alterações na legislação infraconstitucional e na sua base normativa, obedecendo à mesma lógica de liquidação dos direitos sociais. Por meio das Medidas Provisórias 739/16 e 767/17, promoveu a extinção de direitos com cancelamento de benefícios.

Tais fatos, no contexto da crise econômica, marcada pelo alto índice de desemprego — 12,3 milhões de pessoas (IBGE, out./dez. 2016, p. 4) — e pelo aumento da informalidade do trabalho, aprisionarão as gerações futuras em um quadro de pobreza crônica, com baixa (ou nenhuma) proteção social.

Dadas as dificuldades políticas enfrentadas pelo presidente Temer, com baixo índice de aprovação e, portanto, de legitimidade, aliadas ao contexto pré-eleitoral, a proposta de reforma não tramitou no Congresso Nacional, sendo abortada.

A nova conjuntura, a partir da eleição de Jair Bolsonaro, em 2018, candidato de ultradireita, cuja programática é fundamentada em princípios conservadores, baseada e apoiada pela ala fundamentalista evangélica, segue na linha da programática anterior associada a uma forte pressão ideológica, com o aprofundamento do desmonte dos direitos sociais e trabalhistas, com uma política de ajuste fiscal e ações econômicas que favorecem o capital financeiro.

O projeto inicial da contrarreforma previdenciária propunha a implementação de um sistema de capitalização de tipo nocional[8].

A EC 103/2019 empreendeu profundas mudanças no Regime Geral da Previdência Social (RGPS), bem como no Regime Próprio de Previdência Social dos Servidores Públicos (RPPS). Aqui nos deteremos especialmente nas alterações introduzidas no RGPS. Essa Emenda Constitucional sofreu alterações no Congresso Nacional[9] que minimizaram, um pouco, seus aspectos deletérios.

Destacamos os seguintes pontos da EC 103/2019: extinção da aposentadoria por tempo de contribuição e aliança entre idade mínima e tempo de contribuição; aumento da idade mínima para aposentadoria das mulheres de 60 para 62 anos; aumento do tempo mínimo de contribuição para os homens de 15 para 20 anos; introdução de

---

8. Nocional se refere a contribuição definida mas com valor indefinido para a futura aposentadoria. A capitalização finalmente não constou na aprovação final da EC 103/2019 , mas continua como um norte na perspectiva do governo bolsonarista.

9. Essas diziam respeito:

• A contribuição obrigatória dos trabalhadores rurais e o aumento de idade para aposentadoria de 55 para 60 anos;

a) A redução do valor do BPC em 50 % do salário mínimo e a alteração da idade limite (70 anos ) para o recebimento do benefício, o que significava um retrocesso a 1974 quando foi criada a Renda Mensal Vitalícia;

b) O aumento automático que alterava a idade mínima para aposentadoria conforme a elevação da expectativa de vida, segundo os dados do Instituto Brasileiro de Geografia e Estatística – IBGE.

novos cálculos dos benefícios — 60% da média de todas as contribuições, a partir de julho de 1994, ou quando iniciou a contribuição, com acréscimo de 2% para cada ano de contribuição, que exceda 15 anos para mulher e 20 anos para o homem; pensão por morte — 50%, mais 10% por dependente não reversível, sobre o valor da aposentadoria do segurado que tinha ou teria por invalidez; aposentadoria da/o professora/o aos 57/60 anos; aposentadoria especial considerada pela exposição efetiva que prejudique a saúde aos 55, 58 ou 60 anos de idade e com exposição de 15, 20 e 25 anos, respectivamente[10].

Essa contrarreforma se baseia em pilares altamente destrutivos dos direitos previdenciários ao imprimir a desconfiguração do sistema de seguridade social, conforme a Constituição Federal de 1988. Nesse sentido, explicitamos: desconstitucionalização por meio da qual as leis complementares definirão os requisitos para concessão de aposentadoria, assim como as constituições estaduais e municipais; mudança no orçamento da Seguridade Social — manteve a disjunção das três políticas, o fim da DRU para a Seguridade e o repasse de 28% da arrecadação do PIS/PASEP ao BNDES (Banco Nacional de Desenvolvimento Econômico e Social). Segundo o DIEESE (2019, p. 11), esse repasse mantém os 40% da arrecadação do PIS/PASEP; e a privatização dos benefícios não programados[11], remetidos à lei complementar, concorrerá com a previdência pública.

A mudança de cálculo dos benefícios implica que, para receber 100% da média da aposentadoria, o segurado teria que contribuir 40 anos, ou seja, 480 contribuições para os homens e 420 para as mulheres (GENTIL, 2020, p. 437).

O aumento de idade para as mulheres é também desastroso. Segundo pesquisa realizada por Gentil e Puty (*apud* GENTIL, 2020,

10. Para maiores informações ver: EC 103/13/11/2019 e a PEC 6/2019 : como ficou a previdência depois da aprovação da reforma no Senado Federal. DIEESE: Nota Técnica nº 214 de novembro 2019.

11. São aqueles benefícios que decorrem de situações imprevistas tais como: morte, invalidez, doença, acidente e reclusão.

p. 434), em 2019 a taxa de desemprego entre as mulheres era de 15%, superior em 20% à dos homens. Além disso, percebem salários 20% inferiores e 14 milhões não têm condições de contribuir para o INSS (GENTIL, 2020, p. 435).

O aumento de contribuição para os homens é outro percalço ao acesso à aposentadoria. Segundo estudos do DIEESE (ANFIP; DIEESE, 2017), de 2005 a 2014 a média de contribuição anual era de nove meses, em um período considerado de baixo índice de desemprego e maior formalização no emprego. A pesquisa referida constatou, com base em 2016, que, em média, a contribuição era de apenas 5,1 meses ao ano, considerando a exigência anterior de 15 anos de contribuição. Com a EC 103/2019, que estabelece o tempo de 20 anos de contribuição, o segurado só alcançaria a aposentadoria aos 76,8 anos e com o valor de 60% da média (GENTIL, 2019, p. 436). No quadro atual, a partir da contrarreforma trabalhista, com alto índice de desemprego, informalidade, terceirizações e uberizações, quem, na realidade, poderia se aposentar?

## 5. Considerações finais

Segundo Gentil (*apud* CABRAL, 2017, p. 2):

> O bônus da contrarreforma ficará no setor bancário e financeiro. A simples divulgação do propósito da mesma gerou um aumento nas carteiras de seguro de previdência, no período de janeiro a outubro de 2016, da ordem de 42 bilhões de reais.

São beneficiários e ganhadores dessa contrarreforma os detentores de títulos públicos, especialmente as instituições financeiras, e os fundos de pensão que detêm hoje 43% desses títulos que, remunerados com altas taxas de juros, garantem uma lucratividade fantástica, sem nenhuma exigência de geração de emprego e renda. Para a manutenção das taxas de juros no atual patamar, é preciso reduzir drasticamente os gastos sociais, e a previdência responde aproximadamente por 25,25% da execução orçamentária da União (LOA, 2019), valores que precisam ser reduzidos para a garantia da remuneração desse capital rentista.

Todo esse processo de contrarreformas previdenciárias visa à sua financeirização em prol da sua privatização e demole a previdência social pública.

Assim, comungamos com a afirmação de Granemann (2019, s. p.):

> Só pode ser chamada de Previdência Social aquela que é solidária e é gerida por este Estado, que é o Estado burguês, porque nenhum capital pode fazer a gestão universal de Previdência. Os capitais concorrem entre si e um banco não pode universalizar os direitos dos trabalhadores.

## Referências

AGÊNCIA IBGE NOTÍCIAS. PNAD contínua: taxa de desocupação é de 13,3% e taxa de subutilização é de 29,1% no trimestre encerrado em junho de 2020. 6 ago. 2020. Disponível em: https://agenciadenoticias.ibge.gov.br/agencia-sala-de-imprensa/2013-agencia-de-noticias/releases/28478-pnad-continua-taxa-de-desocupacao-e-de-13-3-e-taxa-de-subutilizacao-e-de-29-1-no-trimestre-encerrado-em-junho-de-2020. Acesso em: 15 set. 2020.

ANTUNES, Ricardo. Introdução — A substância da crise. *In*: MÉSZÁROS, István. *A crise estrutural do capital*. São Paulo: Boitempo, 2011. p. 9-16.

ANTUNES, Ricardo. A substância da crise e a erosão do trabalho. *In*: ARRUDA SAMPAIO JR., Plínio (org.). *Capitalismo em crise*: a natureza e dinâmica da crise econômica mundial. São Paulo: Editora Instituto José Luís e Rosa Sundermann, 2009. p. 45-55.

ARRUDA SAMPAIO JR., Plínio. Capitalismo do século XXI: crise e barbárie. *In*: ARRUDA SAMPAIO JR., Plínio (org.). *Capitalismo em crise*: a natureza e dinâmica da crise econômica mundial. São Paulo: Editora Instituto José Luís e Rosa Sundermann, 2009. p. 17-140.

ASSOCIAÇÃO NACIONAL DOS AUDITORES FISCAIS DA RECEITA FEDERAL DO BRASIL (ANFIP). *Análise da seguridade social em 2015*. Brasília: ANFIP, 2016.

ASSOCIAÇÃO NACIONAL DOS AUDITORES FISCAIS DA RECEITA FEDERAL DO BRASIL (ANFIP); DEPARTAMENTO INTERSINDICAL DE ESTATÍSTICA E ESTUDOS SOCIOECONÔMICOS (DIEESE). *Previdência*: reformar para excluir? Contribuição técnica ao debate sobre a reforma da previdência social brasileira. Brasília: ANFIP; DIEESE, 2017.

ASSOCIAÇÃO NACIONAL DOS AUDITORES FISCAIS DA RECEITA FEDERAL DO BRASIL (ANFIP); FUNDAÇÃO ANFIP DE ESTUDOS TRIBUTÁRIOS E DA SEGURIDADE SOCIAL. *Análise da seguridade social em 2018*. Brasília: ANFIP, 2019.

BELLUZZO, Luiz Gonzaga. Medidas para o trabalho no contexto de pandemia: um atentado contra a razão humana. Disponível em: https://www.cartacapital.com.br/economia/medidas-para-o-trabalho-no-contexto-de-pandemia-um-atentado-contra-a-razao-humana/. Acesso em: 27 ago. 2020.

BIAVASCHI, Magda Barros; VAZQUES, Bárbara Vallejos. Medidas para o trabalho no contexto de pandemia: um atentado contra a razão humana — Luiz Gonzaga Belluzo. Disponível em: https://www.cartacapital.com.br/economia/medidas-para-o-trabalho-no-contexto-de-pandemia-um-atentado-contra-a-razao-humana/. Acesso em: 27 ago. 2020.

BRASIL. Tesouro Nacional. *Relatório resumido da Execução Orçamentária do Governo Federal e Outros Demonstrativos*. Brasília, jan./jun. 2019.

BRASIL. Tesouro Nacional. *Relatório resumido da Execução Orçamentária do Governo Federal e Outros Demonstrativos*. Brasília, fev. 2020.

BRASIL. Senado Notícias. Disponível em: https://www12.senado.leg.br/noticias/entenda-o-assunto/dru. Acesso em: 18 ago. 2020.

CABRAL, Maria do Socorro Reis. A quem interessa a reforma previdenciária? 2017. Disponível em: https://j.pucsp.br/artigo/quem-interessa-reforma-previdenciaria. Acesso em: 17 set. 2020.

CHESNAIS, François (coord.). *A mundialização financeira*: gênese, custos e riscos. São Paulo: Xamã, 2013.

DEPARTAMENTO INTERSINDICAL DE ESTATÍSTICA E ESTUDOS SOCIOECONÔMICOS (DIEESE). PEC 06/2019: como ficou a previdência depois da aprovação da reforma no Senado Federal. 2019. Disponível em: https://www.dieese.org.br/notatecnica/2019/notaTec214ReformaPrevidenciaAprovada.html. Acesso em: 7 set. 2020.

DEPARTAMENTO INTERSINDICAL DE ESTATÍSTICA E ESTUDOS SOCIOECONÔMICOS (DIEESE). Brasil em crise: qual será o futuro? *Boletim de Conjuntura*, n. 23, jul./ago. 2020. Disponível em: https://www.dieese.org.br/boletimdeconjuntura/.../boletimConjuntura023.htm. Acesso em: 7 set. 2020.

FATORELLI, Maria Lúcia. Entrevista a *CartaCapita*l 09/06/2015 Disponível em: http:www. cartacapital.com.br/economia/2011: Acesso em: 1º. jul. 2017.

FONTES, Virginia. Imperialismo e crise. *In*: ARRUDA SAMPAIO JR., Plínio. *Capitalismo em crise*: a natureza e dinâmica da crise econômica mundial. São Paulo: Editora Instituto José Luís e Rosa Sundermann, 2009.p. 57-73.

GENTIL, Denise Lobato. Dominância financeira e o desmonte do sistema público de previdência social no Brasil. *In*: CASTRO, Jorge Abrahão; POCHMANN, Márcio (org.). *Brasil*: Estado social contra a barbárie. São Paulo: Fundação Perseu Abramo, 2020. p. 420-443.

GRANEMANN, Sara. *Para uma interpretação marxista da previdência privada*. 2006. Tese (Doutorado) — Universidade Federal do Rio de Janeiro, Rio de Janeiro, 2006.

GRANEMANN, Sara. Fundos de pensão e a metamorfose do "salário em capital". *In*: SALVADOR, Evilasio *et al*. *Financeirização, fundo público e política social*. São Paulo: Cortez, 2012. p. 243-260.

GRANEMANN, Sara. Painel Reforma da Previdência.*10º Congrejufe*. 28 abr. 2019. Disponível em: youtube.com/watch?v=iUmzqzfYGXA. Acesso em: 7 set. 2020.

HARVEY, David. *O enigma do capital e as crises do capitalismo*. São Paulo: Boitempo, 2012.

INSTITUTO BRASILEIRO DE GEOGRAFIA E ESTATÍSTICA — IBGE. Pesquisa Nacional por Amostra de Domicílios Continua, out-nov. 2016.

MARX, Karl. *O capital*. Rio de Janeiro: Civilização Brasileira, 1980. v. II, Livro Primeiro.

MÉSZÁROS, István. *Para além do capital*. São Paulo: Boitempo; Editora da Unicamp, 2002.

MÉSZÁROS, István. *A crise estrutural do capital*. São Paulo: Boitempo, 2011.

PILHON, Dominique. Desequilíbrios mundiais e instabilidade: a responsabilidade das políticas liberais. Um ponto de vista keynesiano. *In*: CHESNAIS, François. *A mundialização financeira*: gênese, custos e riscos. São Paulo: Xamã, 2013. p. 97-139.

SALVADOR, Evilasio. *Fundo público e seguridade social no Brasil*. São Paulo: Cortez, 2010.

SALVADOR, Evilasio *et al.* (org.). *Financeirização, fundo público e política social*. São Paulo: Cortez, 2012.

ZANGHELINI, Airton Nagel; BRAGA JR., Francisco Rodrigues; DUARTE, Murilo Moreira. *DESONERAÇÃO DA FOLHA DE PAGAMENTOS. Oportunidade ou ameaça?* In: MARTINS, Floriano José; TEIXEIRA, José Roberto Pimentel; MAÇANEIRO, Vanderley) José. (orgs) Brasília: Associação Nacional dos Auditores-Fiscais da Receita Federal do Brasil — ANFIP, 2012.

CAPÍTULO 3

# O regime próprio dos servidores públicos em tempos de desmonte dos direitos previdenciários

*Luís Fernando Silva*

## Introdução

O ano de 2019 foi marcado pela promulgação da Emenda Constitucional nº 103,[1] que veio promover diversas e profundas modificações no sistema de Previdência Social brasileiro, dentre as quais se destaca a desconstitucionalização de boa parte do arcabouço previdenciário brasileiro, a permitir que futuras modificações no Regime Geral de Previdência Social (RGPS)[2] e nos chamados

1. A EC nº 103, de 2019, é resultado das discussões iniciadas pela Proposta de Emenda Constitucional nº 6/2019, enviada pelo governo Bolsonaro ao Congresso Nacional no início de 2019.

2. O Regime Geral de Previdência Social (RGPS) é administrado pelo INSS e alberga todos os vínculos previdenciários, à exceção dos servidores públicos, cuja relação funcional com o Estado é de índole estatutária.

"regimes próprios"[3] venham a ocorrer, ulteriormente, por meras modificações legislativas.

Mais uma vez (e a exemplo do que já fora verificado por ocasião das propostas de emendas constitucionais apresentadas ao Congresso Nacional pelos governos de Fernando Henrique Cardoso, Luiz Inácio Lula da Silva e Michel Temer), o que se viu foi o governo federal lançando mão de uma vasta e ardilosa propaganda, através dos meios de comunicação e das mídias sociais, para propalar a existência de um "déficit previdenciário" que estaria afetando sobremaneira o orçamento fiscal, tornando-o insustentável, e para disseminar a falsa intenção de combater pretensos "privilégios" e "imorais desigualdades" entre o RGPS e os Regimes Próprios de Previdência Social (RPPS) dos servidores públicos (RPPS).

A verdadeira e principal intenção por detrás da recente PEC nº 6/2019, entretanto, era a completa substituição do modelo de repartição simples — que marca tanto o RGPS quanto os Regimes Próprios de Previdência Social dos servidores públicos — por um regime previdenciário totalmente de capitalização, administrado pelo sistema financeiro, de modo que a propalada "igualdade entre os regimes" seria alcançada não através da fixação de benefícios previdenciários justos e dignos para todos, mas da privatização de ambos que, assim, estariam irmanados na completa submissão aos riscos típicos do mercado, deixando de merecer a proteção do orçamento fiscal brasileiro, num sistema em tudo semelhante ao imposto ao Chile durante a sangrenta ditadura de Pinochet.

Ainda que neste específico e importante aspecto a PEC nº 6/2019 não haja merecido a aprovação do Congresso Nacional, o fato é que a desconstitucionalização restou aprovada, assim como foram aprovadas medidas de significativo impacto financeiro atual e futuro sobre a obrigação contributiva dos servidores públicos, de novas restrições

3. Os "regimes próprios" congregam servidores públicos regidos por normas estatutárias e podem ser organizados tanto no plano federal quanto dos Estados, do Distrito Federal e dos municípios.

de acesso à aposentadoria e de redução do valor dos proventos, promovendo a decantada "igualdade entre os regimes" mediante a redução de direitos no setor público.

O objetivo do presente trabalho, assim, é lançar luz sobre a questão do financiamento dos regimes previdenciários brasileiros, com foco nos Regimes Próprios dos servidores estatutários, estando estruturado em quatro partes, sendo uma introdução, uma conclusão e duas seções, a primeira versando sobre a insustentabilidade das premissas invocadas pela PEC nº 6/2019 e a segunda, sobre a aproximação entre as regras aplicáveis aos regimes próprios de previdência e ao RGPS.

## 1. A insustentabilidade das premissas suscitadas pela reforma previdenciária

Colocadas as questões introdutórias anteriores, cumpre lembrar que ao apontar a existência de "privilégios" no regime previdenciário dos servidores públicos, a PEC nº 6, de 2019, partia de uma premissa no mínimo discutível, qual seja, a de que os servidores públicos estatutários contariam com proteções à idade avançada e à perda da capacidade laborativa diversas daquelas oferecidas pelo RGPS, e que essas proteções não encontrariam lastro nas contribuições por eles vertidas ao respectivo regime, tudo fazendo com que as despesas assim geradas fossem desproporcionais às verificadas no RGPS, gerando um déficit injustificável do ponto de vista social.

Tal premissa, como se vê, encerra ao menos duas diferentes críticas:

a) uma fundada no entendimento de que as contribuições previdenciárias pagas pelos servidores públicos seriam insuficientes para financiar as garantias a eles deferidas, o que abalaria o pretendido (pelo governo) equilíbrio financeiro e atuarial do respectivo regime previdenciário; e,

b) outra calcada na visão de que as específicas garantias previdenciárias deferidas aos servidores públicos não seriam tecnicamente justificáveis, daí resultando a ocorrência de uma situação anti-isonômica para com os trabalhadores do setor privado, ferindo a equidade que deveria marcar esses regimes entre si e cada um em seu interior.

A primeira dessas críticas resulta de uma concepção mais ampla, a nosso ver equivocada — ou propositadamente adotada com o fim de ludibriar a opinião pública —, que afirma que a proteção previdenciária que um país dedica aos seus cidadãos há de ser custeada, por um lado, pelas receitas oriundas das contribuições vertidas por empregadores e empregados (ou pelos órgãos da administração pública e servidores, quando for o caso), incidentes sobre a folha de salários, enquanto a receita advinda dessas contribuições, por outro lado, deve ser necessariamente superior às despesas com o pagamento dos respectivos benefícios previdenciários, de modo a evitar déficits que exijam aportes a cargo do orçamento fiscal.

A toda evidência, trata-se de uma concepção que encerra clara opção política por um regime contributivo, de caráter securitário, no qual é costumeiramente alta a dependência da relação receita/despesa, em detrimento de um regime distributivo, de acesso universal, e que mesmo podendo contar com a eventual arrecadação a partir de variadas formas de contribuições sociais tenha o orçamento fiscal como sua fonte preponderante de financiamento, sendo por isso muito menos dependente das relações formais de trabalho e das mazelas trazidas pelas recorrentes "crises" enfrentadas pelo sistema capitalista.

Ora, se é certo que cada sociedade deve decidir livremente sobre o nível de proteção social que pretende destinar aos seus cidadãos, também é verdade que deveria ela decidir se essa proteção deve ocorrer sob os auspícios de um modelo contributivo clássico (como o de repartição simples) ou de um regime no qual essa proteção seja financiada pelo orçamento fiscal, no todo ou em parte, ainda que para ele escoem recursos advindos de eventuais contribuições sociais, nas suas mais variadas formas.

Com efeito, se atentarmos para o que contém o artigo 195, na Carta de 1988, veremos que o constituinte instituiu diversas fontes de custeio destinadas ao financiamento das políticas da Seguridade Social (assistência social, saúde e previdência social), que deveria contar, ainda, com a participação do orçamento fiscal, num "tripé" financiador (Estado, patrões e empregados) encontradiço em diversos países do mundo, o que já naquela época tornava absolutamente incorreto o raciocínio segundo o qual os benefícios previdenciários deveriam ser custeados apenas pelas contribuições vertidas por empregados e empregadores.

Passados mais de 30 anos da Carta de 1988, percebemos que à preocupação constitucional na diversidade de formas de financiamento da Seguridade Social vem agora se somar a preocupação com as profundas mudanças que vêm sendo sentidas pelo mundo do trabalho, decorrentes da introdução de novas tecnologias; do aprofundamento da precarização das relações de trabalho, aprofundada com a recente aprovação da Reforma Trabalhista;[4] e da ampliação da terceirização também para as atividades finalísticas das empresas,[5] mudanças estas que se tiveram o condão de prejudicar a receita obtida com a incidência direta de contribuições sociais sobre a folha de salários, também tiveram a virtude de deixar mais clara a necessidade de substituição desta fonte de custeio por outra, como a incidente sobre o lucro, por exemplo, ou da adoção de outro modelo previdenciário, que tenha o orçamento fiscal como fonte preponderante de financiamento.

Em outras palavras, a ideia de que a contribuição sobre a folha de salário deve ser suficiente para financiar os benefícios previdenciários vem dando lugar à conclusão de que o financiamento de aposentadorias e pensões (assim como dos demais benefícios da Seguridade

4. Lei n. 13.467, de 2017.

5. Ao final autorizada pela decisão proferida pelo Supremo Tribunal Federal nos autos do RE nº 958.252, julgado sob a sistemática de Repercussão Geral nº 725.

Social) necessita de formas cada vez mais diversificadas de custeio, dentre as quais devem estar necessariamente compreendidos — como afinal o são desde a Carta de 1988 — também os aportes oriundos do orçamento fiscal, como ocorre em boa parte do mundo.

Ora, se o presente raciocínio pode ser utilizado para o financiamento da proteção previdenciária geral, certamente também deve ser empregado em relação aos servidores públicos, sejam eles civis ou militares, até porque mesmo após a imposição de contribuições sociais a serem suportadas por esses servidores, as garantias "previdenciárias" a eles ofertadas não deveriam, a nosso sentir, ser classificadas como tipicamente previdenciárias, haja vista seu claro caráter funcional e administrativo.

Vale lembrar, nesse ponto, que a comissão responsável pela sistematização do texto da Carta de 1988 decidiu tratar das aposentadorias dos servidores públicos em seu artigo 40 (no "Título III — Da Organização do Estado"), e não em seu "Título VIII", que trata da "Ordem Social", daí resultando as bem lançadas conclusões de Batista (2018, p. 118), segundo o qual:

> [...] a previdência do setor público está fora do orçamento da seguridade social, diluída, portanto, no orçamento fiscal. Isso, além de decorrer dessa organização constitucional, tem um sentido muito claro: no regime constitucional brasileiro a previdência do servidor público não é política de proteção social, é um tipo de política que pode receber uma multiplicidade de nomes de acordo com a orientação teórica de quem se debruça sobre o tema — política de administração de recursos humanos, de pessoal, de gestão de pessoas ou política de organização do serviço público.

Destarte, a opção feita pela referida Comissão de Sistematização teve por fundamento o fato de as proteções previdenciárias dos servidores públicos constituírem, ao menos até aquela época remota, nítido caráter premial, ou seja, representavam uma retribuição estatal pelo tempo de trabalho dedicado ao exercício da função pública, sendo, por isso mesmo, tratadas como direitos funcionais de maneira geral, e não como direitos vinculados a um "regime de previdência", expressão e conceito que apenas começam a ser utilizados a partir da EC nº 20, de 1998.

Tanto é assim que antes e depois da promulgação da referida Emenda, é o somatório das despesas com o pagamento das remunerações (ativos), aposentadorias e pensões que se submete aos limites de que trata o artigo 169, da Carta da República,[6] e não apenas o primeiro.

Aliás, é de ver que no caso dos servidores públicos o orçamento fiscal assume a responsabilidade pelo pagamento de direitos que no Regime Geral de Previdência Social têm natureza previdenciária, como o adimplemento da remuneração durante o período de afastamentos em razão de doença; o pagamento da remuneração devida à gestante durante o período de gozo de licença-maternidade etc.

De outra parte, cumpre realçar que enquanto no setor privado a aposentadoria normalmente corresponde à ruptura da relação laboral,[7] remetendo ao INSS a obrigação pelo pagamento de um benefício em substituição da renda do trabalho, no serviço público este vínculo não se perde nem se desfaz,[8] de sorte que o servidor passa apenas da condição de ativo para a de aposentado, podendo essa condição ser revertida em razão de institutos como os da reversão à atividade[9] ou da cassação da aposentadoria, com vista à demissão do serviço público,[10] uma vez apuradas irregularidades funcionais que assim o justifiquem.

---

6. Regulamentado pela Lei Complementar nº 101, de 2000.

7. Conquanto a aposentadoria, por si só, não seja causa de rescisão do contrato de trabalho, no Brasil é corriqueiro que uma coisa venha acompanhada da outra.

8. O assunto merece temperamentos a partir do que veio definir a EC nº 103, de 2019, ao dar nova redação ao § 14, do artigo 37, da Constituição Federal.

9. No caso dos servidores federais, a Lei n. 8.112, de 1990, em seu artigo 25, prevê a possibilidade de reversão à atividade, enquanto em seu artigo 134 prevê a possibilidade de cassação da aposentadoria.

10. Vide artigo 127, IV, da Lei n. 8.112, de 1990.

Ora, se concluímos que as aposentadorias dos servidores públicos não detêm caráter previdenciário, então é evidente que a respectiva despesa não deveria se submeter a postulados como o equilíbrio financeiro e atuarial (tal qual ocorre com o RGPS), até porque esse equilíbrio exige cabal transparência no que tange ao produto da arrecadação das contribuições de servidores públicos e do Estado-empregador e às despesas respectivas, o que está bem longe de ocorrer, infelizmente.

Por fim — mas ainda com o intuito de demonstrar ser inviável a pretensão de atribuir caráter previdenciário às aposentadorias dos servidores públicos —, cumpre realçar que aqui é o próprio empregador (o Estado) quem administra o "regime previdenciário", assim como é ele (Estado) quem decide pela adoção das políticas de expansão ou restrição à admissão de servidores públicos, o impacta diretamente sobre o esperado equilíbrio financeiro e atuarial do respectivo Regime Próprio, como faz exemplo a recente promulgação da Emenda Constitucional nº 95, de 15 de dezembro de 2016, que "congela" as despesas públicas por 20 anos, reduzindo sensivelmente a admissão de novos servidores no âmbito federal, ao tempo que os atuais servidores seguem em marcha acelerada para o cumprimento das condições para a aposentadoria, o que abala sobremaneira o "pacto geracional" necessário ao equilíbrio de um regime previdenciário organizado sob a forma de repartição simples, como é o caso.

Por outro lado, ainda que se entenda que a aposentadoria dos servidores públicos possui caráter previdenciário, é evidente que nesse caso se haveria de exigir da União não só a prévia constituição de um fundo especificamente destinado a receber o produto das contribuições dos servidores e do Estado-empregador, mas também o aporte anual de recursos do orçamento fiscal, destinados à cobertura de eventuais insuficiências financeiras,[11] nos moldes do que está previsto para as despesas da Seguridade Social. Em outras palavras, os aportes

---

11. Conforme prevê o artigo 8º, parágrafo único, da Lei n. 10.887, de 2004.

adicionais (do orçamento fiscal) destinados ao financiamento dos benefícios previdenciários se impõem não só quando pensamos no custeio das aposentadorias a cargo do RGPS (como parte da Seguridade Social),[12] mas também quando falamos no pagamento de benefícios "previdenciários" dos servidores públicos.[13]

A segunda crítica normalmente colocada às aposentadorias dos servidores públicos diz respeito aos propalados "privilégios" que marcariam os seus benefícios,[14] o que estaria em confronto com a esperada equidade de tratamento entre todos os que gozam de uma proteção estatal de natureza previdenciária.

Nesse ponto é imperioso salientar que estas garantias — que mais à frente veremos que já foram sensivelmente mitigadas ou, em alguns casos, até mesmo suprimidas, ao contrário do que afirma a propaganda governamental — tiveram sua origem na própria história de construção do serviço público brasileiro, notadamente a partir do final da primeira metade do século XX, quando, ao lado de direitos, como a estabilidade no cargo ou emprego, passaram a integrar os mecanismos adotados pelo Estado não só para atrair pessoas qualificadas para o exercício da função pública, como também — e ainda mais especialmente — para assegurar aos servidores a necessária independência no exercício de suas funções, medida que se mostrava necessária para livrá-los do jugo do coronelismo, do clientelismo político e do patrimonialismo, que marcaram a estruturação do Estado brasileiro até meados do século XX.

Vem daí também a instituição de outras garantias funcionais de relevo, como a efetividade, a disponibilidade remunerada, a

12. CF, artigo 195.

13. Ver art. 8º, Parágrafo único, da Lei nº 10.887, de 2004, que estabelece a obrigação da União pela cobertura de eventuais insuficiências financeiras do regime decorrentes do pagamento de benefícios previdenciários.

14. Tais como a garantia de aposentadoria correspondente à integralidade da última remuneração em atividade e a garantia de extensão, a aposentados e pensionistas, de toda e qualquer vantagem salarial posteriormente deferida aos servidores em atividade.

irredutibilidade remuneratória, a vitaliciedade e a inamovibilidade, todas de "natureza trabalhista", bem como algumas outras às quais se pode atribuir "natureza previdenciária", como a integralidade dos proventos, a inaplicabilidade do "teto" de benefícios adotado pelo RGPS e a garantia de extensão (aos aposentados) de toda e qualquer vantagem posteriormente concedida aos servidores em atividade,[15] esta última claramente decorrente do fato de no serviço público a aposentadoria não acarretar a ruptura da relação jurídica com a administração, constituindo apenas uma mudança de *status* funcional, como se dá com a reserva e a reforma, entre os militares.

Em contrapartida, porém, há de se considerar que ao aderir à função pública os servidores passam a sofrer os efeitos da unilateralidade da relação jurídico-estatutária (fundada no que os doutrinadores costumam designar como supremacia do interesse público sobre a vontade privada), sendo-lhes limitada a possibilidade de oposição dos seus interesses de categoria (interesses privados, portanto) ao interesse público; restrita a possibilidade de exercício do direito de greve; e dificultada a negociação coletiva de suas condições salariais e de trabalho.

Temos, assim, quase uma compensação entre vantagens e desvantagens, a tornar as garantias anteriormente comentadas (inclusas as de natureza "previdenciária") perfeitamente adequadas à específica e peculiar relação jurídica entre os servidores e o Estado.

É de se concluir, dessa forma, que tanto as críticas feitas à insustentabilidade financeira do "regime previdenciário" dos servidores não resistem à sua constituição e evolução histórica — em especial porque desprezam o caráter nitidamente fiscal de que se revestem os benefícios através dele pagos —, como também que a diferença que alguns desses benefícios guardam em relação aos seus congêneres no RGPS não importa em tratamento anti-isonômico, até porque, na lição de Nery Júnior (1999, p. 42), "dar tratamento isonômico às partes

15. Também chamada de paridade entre ativos, aposentados e pensionistas.

significa tratar igualmente os iguais e desigualmente os desiguais, na exata medida de suas desigualdades".

Por fim, mas ainda para tratar da alegada insustentabilidade financeira e atuarial dos regimes próprios de servidores públicos estatutários (em particular no âmbito federal), cumpre reconhecer que até o ano de 1993 a aposentadoria desses servidores era mantida exclusivamente pelo orçamento fiscal, não havendo contribuições sociais por eles vertidas, razão pela qual não havia de se falar na incidência de conceitos como causa suficiente, equilíbrio financeiro e equilíbrio atuarial.

Logo, temos que o caráter contributivo dos regimes próprios de previdência dos servidores estatutários começa a vigorar com a promulgação da Emenda Constitucional nº 3, de 1993, aprofunda-se com a Emenda Constitucional nº 20, de 1998, e consolida-se com a Emenda Constitucional nº 103, de 2019, o que implica reconhecer que lá se vão mais de 28 anos de contribuições ininterruptas dos servidores públicos ao financiamento de suas aposentadorias, devendo-se ter em conta, ainda, que há uma expressiva parcela dos atuais servidores estatutários que até o início dos anos 1990 era regida pela Consolidação das Leis do Trabalho (CLT), de modo que aportavam contribuições sociais em favor do RGPS/INSS, submetendo-se ao instituto da contagem recíproca.

Ora, uma vez que a EC nº 20, de 1998, impôs aos Regimes Próprios a obrigação de observar os equilíbrios financeiro e atuarial,[16] parece evidente que esses equilíbrios deveriam contar não só com o produto das contribuições sociais dos servidores, mas também das contribuições a cargo do Estado como "empregador" e, sobretudo, de aportes a cargo do orçamento fiscal, como a Constituição Federal prevê para o financiamento da Seguridade Social, de sorte a suprir o desequilíbrio entre ativos e aposentados que, como vimos, é causado pelo próprio Estado ao adotar políticas de restrição à contratação de

16. Vide parte final da redação dada pela EC nº 20/1998 ao artigo 40, da Constituição Federal.

novos servidores, não chegando sequer a suprir a saída daqueles que vêm a falecer ou a se aposentar.

Nesse sentido, veja-se a situação vivenciada pelo Poder Executivo federal em dezembro de 1998, quando o número de servidores em atividade correspondia a apenas 46,8% do total de servidores, enquanto 53,2% era composto por aposentados e pensionistas, o que conformava uma relação ativos/inativos inferior a um por um, claramente insuficiente para os propalados equilíbrios financeiro e atuarial. Isso porque se considerarmos uma contribuição de 11% dos servidores e de 22% do Estado, totalizando 33%, seriam necessários três servidores em atividade para financiar uma aposentadoria, situação que denotaria equilíbrio financeiro.

Ora, se sabemos que a relação ativos/aposentados em questão decorreu exatamente da política de redução da "máquina pública", imposta pelos governantes, então é de concluir que a própria União deveria:

a) suportar o ônus dessa política, arcando com os aportes financeiros necessários ao reequilíbrio financeiro do regime previdenciário dos servidores; e
b) suportar o ônus da manutenção desse equilíbrio para o futuro, até que se restabeleça uma relação ativos/aposentados compatível com um regime de repartição simples.

Entretanto, o que se viu com a própria EC nº 20, de 1998, e com as posteriores Emendas Constitucionais nºs 41, de 2003, 45, de 2005, e 103, de 2019, foram iniciativas voltadas à busca desse pretendido equilíbrio a partir da imposição de sacrifícios aos próprios servidores, seja pela criação de novas restrições de acesso às aposentadorias, retardando o seu usufruto, seja pela imposição de formas de cálculo voltadas à redução do valor das aposentadorias concedidas, ou, ainda, pelo aumento das contribuições desses servidores ao respectivo Regime Próprio e pela imposição de possíveis alíquotas "extraordinárias", a serem adimplidas sempre que for verificado um desequilíbrio financeiro como o do exemplo.

## 2. A aproximação entre as regras aplicáveis ao RGPS e aos Regimes Próprios de previdência

Atentando-se às "Mensagens" ou "Exposições de Motivos" que ao longo das últimas décadas acompanharam as variadas propostas de emendas constitucionais voltadas à modificação da proteção "previdenciária" dos servidores públicos, facilmente se percebe que todas tiveram por objetivo nivelar essa proteção "por baixo", aproximando os Regimes Próprios do RGPS naquilo que este último tem de pior.

Aliás, se verificarmos o que já constava do artigo 40 da Carta da República[17] antes mesmo da EC nº 103, de 2019, facilmente veremos que os servidores ingressantes a partir de janeiro de 2004 já não têm mais direito à aposentadoria integral (sendo seus proventos calculados a partir da média das 80% maiores contribuições vertidas desde julho de 1994), ao passo que os ingressantes a partir de 4 de fevereiro de 2013,[18] além de terem seus proventos calculados pela mesma média utilizada para calcular os benefícios a cargo do RGPS, ainda têm o resultado final dessa conta limitado ao mesmo "teto" adotado pelo INSS, ficando os futuros reajustes das aposentadorias vinculados às mesmas regras e percentuais aplicáveis ao Regime Geral/INSS.

Como se vê, desde janeiro de 2004 — há mais de 17 longos anos, portanto —, os servidores ingressantes em cargos públicos já não gozam das garantias deferidas aos servidores que até 1998 estavam submetidos ao anterior regime administrativo de aposentadoria, de modo que suas aposentadorias, quando vierem a ocorrer, terão regras muito próximas (senão exatamente iguais) das regras aplicáveis aos trabalhadores do setor privado.

---

17. Na redação que lhe foi dada pela EC nº 41, de 31 de dezembro de 2003.

18. A data em questão vale para servidores vinculados ao Poder Executivo federal, correspondendo ao dia da completa regulamentação do regime de previdência complementar dos servidores federais, a partir de quando as aposentadorias a cargo do respectivo regime próprio passaram a observar o mesmo "teto" aplicado aos benefícios a cargo do RGPS.

A esse contingente devem ser somadas as centenas de milhares de servidores públicos regidos pela CLT, geralmente vinculados aos municípios, que desde a Constituição de 1988 — lá se vão mais de 32 anos — têm sua proteção previdenciária a cargo do INSS, não detendo quaisquer "privilégio" previdenciário em relação aos demais beneficiários do RGPS.

Restam, assim, apenas os servidores estatutários que já integravam os respectivos Regimes Próprios por ocasião das Emendas n^os^ 20, 41, 47 e 103, e que por isso mesmo gozam de merecidas e justas "regras de transição", como é o caso daquelas previstas no artigo 6º da EC nº 41, de 2003; no artigo 3º da EC nº 47, de 2005; ou ainda nos artigos 4º e 20 da EC nº 103, de 2019, todas estabelecendo, de um lado, condições cada vez mais restritivas de acesso aos direitos à integralidade de proventos e à paridade com os servidores em atividade e, do outro, menores valores desses proventos, quando as condições de elegibilidade são preenchidas.

Em síntese, se tomarmos em comparação as atuais regras de aposentadoria aplicáveis ao RGPS e aos Regimes Próprios, certamente concluiremos que já temos uma situação de quase completa uniformidade de tratamento, em que pesem as diferenças evidentes entre as funções exercidas por uns e outros, o que derruba por completo a injusta imputação de "privilégios" às garantias previdenciárias dos servidores.

Esta nova realidade — que como vimos impera há mais de 16 anos — logrou modificar tão substancialmente o acesso às aposentadorias no serviço público que, em março de 2019 — antes, portanto, da EC nº 103, de 2019 —, a idade média nas aposentadorias por tempo de contribuição, no âmbito da administração direta, autárquica e fundacional do Poder Executivo federal, já era de 62 anos (homens) e 60 anos (mulheres)[19], médias estas bastante superiores àquelas ve-

---

19. Painel Estatístico de Pessoal. Abril de 2019. Ministério do Planejamento, Orçamento e Gestão. Disponível em: encurtador.com.br/lnqzJ. Acesso em: 25 abr. 2019.

rificadas no mesmo tipo de aposentadoria no âmbito do RGPS, que, em 2018, foi de 55,6 anos de idade, no caso dos homens, e 52,8 anos, no caso das mulheres.

Por outro lado, importa recordar que enquanto no RGPS inexiste hipótese de incidência de contribuição social sobre os proventos de aposentadorias e pensões, nos regimes próprios aposentados e pensionistas, desde 2004, são obrigados a recolher contribuição previdenciária sobre a parte dos proventos que ultrapassar o "teto" do RGPS, sendo esta de 14%, a partir dos efeitos financeiros da EC nº 103, de 2019.

## Conclusão

Conforme vimos antes, o direito dos servidores públicos à aposentadoria não deveria ser classificado como direito de natureza previdenciária, *stricto sensu*, haja vista não só a sua origem, conformação e fonte de custeio (que até o ano de 1993 era atribuição exclusiva do orçamento fiscal), mas também — e sobretudo — em razão da evidente incompatibilidade que decorre do fato de o governante que administra o respectivo regime previdenciário ser o mesmo que adota políticas de redução no número de servidores em atividade, impondo sérios desequilíbrios financeiros e atuariais no regime administrado para, ao final, servir-se dos efeitos negativos da sua política para justificar a imposição de restrições de acesso a benefícios ou de redução em seus valores.

Demais disso, é de se ter em conta que a atual relação ativos/aposentados, verificada em expressiva parcela de órgãos e entidades da administração pública, torna praticamente impossível o restabelecimento do propalado equilíbrio financeiro e atuarial de um modelo previdenciário fundado na repartição simples, daí emergindo a perpetuação de um desequilíbrio financeiro que não pode ser imputado aos servidores ativos e aposentados, que não podem ser responsabilizados pelas políticas de redução da "máquina pública" adotadas por sucessivos governos.

Assim, na medida em que as antigas diferenças mais substanciais entre os Regimes Próprios e o RGPS já foram superadas, cabe agora a rediscussão sobre as fontes de financiamento de ambos os modelos, sendo imperioso reconhecer que tanto os benefícios a cargo do RGPS quanto os decorrentes de Regimes Próprios devem contar com a proteção do orçamento fiscal, seja através dos aportes obrigatórios ao orçamento da Seguridade Social,[20] seja por meio de novas formas de contribuição, igualmente vinculadas, e que permitam substituir paulatinamente as atuais contribuições de empregados e empregadores (e servidores e administração pública) sobre a folha de salários, cada vez mais susceptíveis, respectivamente, aos constantes abalos sentidos nas relações formais de trabalho e à redução do número de servidores em atividade.

Atribuir a responsabilidade desse financiamento ao orçamento fiscal, por outro lado, teria o condão de suplantar definitivamente a falácia do déficit previdenciário, na medida em que já não se teria a relação ativos/inativos (e o produto das contribuições daí geradas) como preponderante para os equilíbrios financeiro e atuarial, que perderiam o seu "apelo" e seriam substituídos pela decisão política da sociedade em destacar parte dos tributos para assegurar a manutenção e a ampliação das garantias relativas às políticas de Seguridade Social.

## Referências

BATISTA, Flávio Roberto. O modelo previdenciário multipilares e seu espaço de variabilidade: uma breve comparação entre modelos. *In*: BATISTA, Flávio Roberto; SILVA, Júlia Lenzi (org.). *A previdência social dos servidores públicos*: direito, política e orçamento. Curitiba: Kaygangue, 2018.

---

20. Desde 1988 previstos no art. 195, da Carta Magna, e jamais realizados pela União.

FAGNANI, Eduardo. *Política social no Brasil (1964-2002)*: entre a cidadania e a caridade. 2005. 587 f. Tese (Doutorado em Economia) —. Instituto de Estudos de Economia, Universidade Estadual de Campinas, Campinas, 2005.

FAGNANI, Eduardo. Mudança na previdência prejudica trabalhadores para favorecer capital. 2016. Disponível em: http://twixar.me/JYQK. Acesso em: 1º nov. 2016.

FAORO, Raymundo. *Os donos do poder*: formação do patronato político brasileiro. 17. ed. Rio de Janeiro: Globo, 1977.

GENTIL, Denise Lobato. *A política fiscal e a falsa crise da seguridade social brasileira*: análise financeira do período 1990-2005. 2006. 358 f. Tese (Doutorado) — Instituto de Economia, Universidade Federal do Rio de Janeiro, Rio de Janeiro, 2006. Disponível em: encurtador.com.br/grxGR. Acesso em: 13 dez. 2016.

MINISTÉRIO DA ADMINISTRAÇÃO FEDERAL E REFORMA DO ESTADO. *Boletim Estatístico de Pessoal*, n. 32, dez. 1998. Disponível em: file:///C:/Users/Fernando/Downloads/Bol32_dez98.pdf. Acesso em: 2 maio 2019.

MINISTÉRIO DO PLANEJAMENTO, ORÇAMENTO E GESTÃO. Painel estatístico de pessoal. Abr. 2019. Disponível em: encurtador.com.br/lnqzJ. Acesso em: 25 abr. 2019.

NERY JÚNIOR, Nelson. *Princípios do processo civil à luz da Constituição federal*. São Paulo: Revista dos Tribunais, 1999.

# CAPÍTULO 4

# "Previdência privada":
## produto e instrumento da acumulação de capitais

*Sara Granemann*

*Para* Andréa Teixeira *e* Sheila Backx, *que nunca hesitaram em enfrentar injustiças e assédios produzidos pela concorrência acadêmica. Sou-lhes muito agradecida.*

O texto sobre a "previdência privada" a seguir apresentado pretende demonstrar — na esteira de várias intervenções orais e escritas que temos cometido desde o ano de 1999 — que as modalidades ditas "previdência complementar" e símiles (VGBL, PGBL)[1] não deveriam,

1. **PGBL**: Plano Gerador de Benefício Livre; **VGBL**: Vida Gerador de Benefício Livre. Mercadorias privadas mercadejadas em instituições bancário-financeiras, de natureza monetária e assentadas na lógica dos *capitais portadores de juros e fictício.* A mais enfática diferença entre ambas as mercadorias "previdênciárias" reside na forma dada, fundamentalmente, ao índice percentual de imposto de renda que se irá pagar.

por exatidão, utilizar-se da denominação previdência por serem mercadorias e não políticas sociais.

Nosso esforço consistirá em oferecer elementos para demonstrar, por meio da análise de seu surgimento e evolver históricos, que a assim designada "previdência privada" é mais um dos múltiplos instrumentos do mercado de capitais.

Para compreender por que assume o codinome de uma política de proteção social, conviria indagar: a previdência, por um lado, um substantivo que ao ser adjetivado por 'privado', como um negócio dos capitais, materializaria uma dilatação em sua essência protetiva e resultaria em uma moderna necessidade de atualização de um direito da classe trabalhadora tornado uma mercadoria, quiçá imaterial? Tratar-se-ia, por outro lado, de uma mudança conceitual que reflete uma realidade em sua manifestação imediata — expressão do exercício alienado de autoempreender *para complementar* —, por meio da renúncia de uma porção do salário (diríamos do trabalho necessário) envolvida com as formas capital portador de juros e fictício? Seria a realização de uma absoluta liberalidade na qual cada sujeito/a, de per si, tornada/o investidor/ra, escolheria a melhor capitalização e as quantidades de riqueza no presente para a proteção individual de sua vida na velhice, no futuro?

A adjetivação "privada" para um direito social que só pode existir como previdência social, solidária, é, dos pontos de vista ético-moral e econômico-político da classe trabalhadora, uma excrescência. A previdência, como política social, materializa um direito social na sua gênese, produto das lutas heroicas da classe trabalhadora, arrancada e constituída nos históricos e sempre duríssimos embates contra a burguesia. Se tomarmos como referência as primeiras conquistas, como a Comuna de Paris em 1871, lá se vão 150 anos (GRANEMANN, 2012; 2013) de vitórias e retrocessos, mundo afora, por melhores condições de vida e de trabalho hodiernos. Tais lutas incidiram de maneiras diversas no tempo e no espaço da vida social sob a dinâmica do próprio modo capitalista de produção, de seu Estado e da burguesia em cada formação social. Mencionar referências das lutas por proteção social solidária é dizer dos complexos processos e conflitos que atravessaram e atravessam a constituição da classe trabalhadora como sujeito histórico e social.

Karl Marx, em seu inspirado prefácio à primeira edição de *O capital*, indicou-nos metodológica e sistematicamente que fazer ciência é algo difícil; mais ainda: as ciências da sociedade nas análises desenvolvidas sobre os fenômenos típicos da sociabilidade, nas particulares realidades territoriais do modo capitalista de produção, não contam com reagentes nem tubos de ensaio como comumente ocorre nas ciências naturais. O autor, tampouco, reivindica as apologéticas neutralidades diante da vida social; ao contrário, nas orientações gerais para a leitura de sua magna obra, destacou:

Para evitar possíveis erros de compreensão, ainda algumas palavras.

> De modo algum retrato com cores róseas as figuras do capitalista e do proprietário fundiário. Mas aqui só se trata de pessoas na medida em que elas constituem a personificação de categorias econômicas, as portadoras de determinadas relações e interesses de classe. Meu ponto de vista, que apreende o desenvolvimento da formação econômica da sociedade como um processo histórico-natural, pode menos do que qualquer outro responsabilizar o indivíduo por relações das quais continua a ser socialmente uma criatura, por mais que, subjetivamente, ele possa se colocar acima delas (MARX, 2013, p. 80).

A captura da essencialidade da mercadoria "previdência privada" deve ser, mais do que tudo, compreendida no movimento das classes sociais, portadoras de interesses de classe. Não obstante, a sociedade assentada na produção de mercadorias, permanentemente, captura modos culturais, costumes, conquistas, direitos decorrentes de lutas e os transforma em "coisas" mercadejáveis; e o faz no curso de responder às demandas crescentes por novas mercadorias portadoras de valor de troca e também para constituir novos espaços de inversões capitalistas e impor derrotas materiais e políticas à classe trabalhadora ao diminuir seu valor histórico-moral em dado país.

Com frequência, os novos negócios empreendidos por grandes capitais somente podem surgir porque resultam da violação de espaços que dantes eram exercícios de socialidade, solidários e essenciais à vida humana e que ao se tornarem negócios — novos âmbitos que recepcionam inversões potencializadoras de novos lucros — destroem direitos; vale dizer, sem rodeios, nada mais do que vidas condenadas ao extermínio. Como necessidades dos capitais, excluído o juízo moral individual, tão somente realizam seu "objetivo primário: o acréscimo de lucros capitalistas através do controle dos mercados" (NETTO, 1992, p. 16).

Os grandes capitais, na idade dos monopólios, levaram a expansão territorial e dos mercados ao seu limite quando da derrota do Leste Europeu e do fim da União das Repúblicas Socialistas Soviéticas (URSS), em 1989; derrota determinada pelos movimentos de expansão do modo capitalista de produção que materializou interesses e relações de classe da grande burguesia mundial. Naquele momento, a conversão da quase totalidade do planeta ao modo capitalista de produção consumou-se. Além e em razão de tal limite territorial e de matérias-primas, a ampliação dos lucros dos capitais centrou-se na produção permanente de novas necessidades que são respondidas com a criação incessante de novidades; por ordinário, na lógica do modo capitalista de produzir, estamos a dizer da incontornável fabricação de coisas, não raro, tão desnecessárias quanto lucrativas.

Para Marx (2013, p. 113, grifos no original), o capitalismo é a sociedade produtora de

> [...] uma *"enorme coleção de mercadorias"*, e a mercadoria individual como sua forma elementar. [...] A mercadoria é, antes de tudo, um objeto externo, uma coisa que, por meio de suas propriedades, satisfaz necessidades humanas de um tipo qualquer. A natureza dessas necessidades — se por exemplo, elas provêm do estômago ou da imaginação — não altera em nada a questão. Tampouco se trata aqui

> de como a coisa satisfaz a necessidade humana, se diretamente, como meio de subsistência [*Lebensmittel]*, isto é, como objeto de fruição, ou indiretamente, como meio de produção.

Ao atualizar o debate e os exemplos analisados por Marx (2014) no Livro II relativos aos *custos de circulação* e ao tomar do Livro III os fundamentos para pensar o *sistema internacional de crédito* plenamente maduro nas décadas finais do século XX, Mandel (1982, p. 270) asseverou:

> Quanto mais avançam a *divisão internacional do trabalho e a socialização objetiva internacional do trabalho,* tanto maior a importância do sistema de transporte e das funções intermediárias no domínio do comércio internacional e do sistema internacional de crédito. Nessas duas fases do capitalismo, *a penetração do sistema de crédito na esfera do consumo privado efetivo limitava-se aos casos de extrema penúria (penhor, agiotagem);* somente na década de 20 deste século é que se estendeu seriamente pela área de financiamento para a compra de bens de consumo duráveis nos Estados Unidos (na Europa e no Japão essa nova ampliação do sistema de crédito relativamente ao sistema privado não se generalizou antes do advento do capitalismo tardio). (grifos nossos)

A referência ao texto anterior intenta demonstrar que, com a expansão e a consolidação do modo capitalista de produção, especialmente da idade dos monopólios, sob o capitalismo tardio, a conversão de espaços não capitalistas em *locus* da produção de mercadorias, não tipicamente para o 'estômago' e a inversão de capitais na abertura de novas frentes potencializadoras de lucratividade não são laterais e devem ser tomadas em consideração, inclusive para se pensar a constituição da assim denominada "previdência privada".

O nexo articulador da implementação da "previdência privada" no Brasil foi a violência ditatorial; ditadura que teve na "previdência privada" (também no Chile), a um só tempo, um produto lucrativo para grandes capitais de comércio de dinheiro e um prestimoso instrumento econômico e político articulado pelo Estado burguês para a derrota dos direitos da classe trabalhadora e para transferir fundos antes públicos, diretamente, para a recolha e gestão dos grandes capitais. Instrumento bancário-financeiro que, somado a outras tantas medidas, garantiu à dominação burguesa assegurar ao *país* um novo momento de seu evolver histórico na divisão internacional do trabalho. Dito de modo diverso, pela ditadura consolida-se a fase madura do tardo capitalismo brasileiro.

A *ditadura dos grandes capitais* (IANNI, 1981)[2] no Brasil foi fruto de um golpe militar a 1º de abril de 1964 e estabeleceu o início de um novo equilíbrio para as forças capitalistas nesta rica porção do planeta. Capitaneado[3] pelos Estados Unidos, este trânsito deve ser entendido no interior da então Guerra Fria contra o bloco protagonizado pela União das Repúblicas Socialistas Soviéticas.

Aqui apenas queremos deixar assinalado que a "previdência privada" é um objeto de estudo cuja existência no Brasil e em vários países do mundo guarda inteira e apegada relação com as ditaduras dos grandes capitais e com os momentos em que a classe trabalhadora foi derrotada em lutas que empreendeu contra os capitais; derrotas que tiveram variadas respostas, entre elas a construção das "previdências privadas" como privilegiadas mercadorias dos mercados de capitais, por eles criadas em vários países e sob as ditaduras na América do Sul.

Sobre as relações da ditadura brasileira do grande capital e a "mercadoria previdência privada", deve-se assinalar: os grandes capitais implementaram essa *não previdência* para potencializar o sistema de crédito, de comércio de dinheiro à conta de juros sobre o salário

2. Todas as vezes que utilizarmos a categoria analítica ditadura do grande capital, cunhada pelo professor Ianni (1981), tomada como importante referência em nosso estudo, a utilizaremos em itálico e evitaremos a repetição do autor e ano.

3. Sobre as ditaduras impostas à classe trabalhadora de vários países da América Latina, muito já se escreveu e muito mais há ainda por se desvelar do conteúdo e das práticas daqueles sombrios dias e das articulações particulares que os sustentaram, especialmente na América do Sul. Golpes que se utilizaram de ferocidade e horror, cujos alcances de nefastas práticas de extermínio do diferente não são nem totalmente conhecidas e tampouco foram suprimidas da vida cotidiana de violência como *modus operandi* da grande burguesia no controle de seus Estados, mesmo após o ocaso das ditaduras.

da classe trabalhadora. A mercadoria "previdência" impulsionou a construção dos mercados de capitais para um outro patamar de importância no país tornado possível pela elevação da exploração da classe trabalhadora no Brasil.

## Gênese e desenvolvimento da "previdência privada" no Brasil[4]

No Brasil, as fundações de seguridade foram constituídas no período em que o Estado foi tomado pelos militares como resultado do golpe militar de 1º de abril de 1964, desencadeado como *ditadura do grande capital*.

Se ao analista importa capturar os nexos que a vida cotidiana em sua opacidade não prima por revelar, há que se reconhecer desde logo: 1) a instituição das primevas formas de *'previdência privada fechadas'* no Brasil realizou-se no rastro de sua implementação nos EUA, ocorridas na década de 1950; no Brasil, suas primeiras expressões — até hoje muitas são assim denominadas — materializaram-se na forma de fundações de seguridade. Sua existência real precedeu a legislação específica que, ao final da década de 1970, promoveu-lhes as condições suficientes para as fundações operarem como "previdência privada"; 2) sua instituição no Brasil está visceralmente ligada aos interesses e às relações de classe que foram articulados pela *ditadura do grande capital* no interior do Estado autocrático burguês entre os anos de 1964 e 1985; 3) possibilitou a formação e a expansão qualitativa do mercado de capitais em uma época na qual o capital de comércio de dinheiro passou a ter uma importância determinante nos rumos da economia do país e modelou a *'fisionomia e os movimentos do Estado'*, conforme Ianni (1981) e Tavares (1978); 4) teve expansão acentuada na

---

4. O item a seguir reproduz com alterações e precisões conteudísticas o texto inédito de nossa tese de doutorado defendida em 2006, referida na bibliografia.

década de 1970, quando o 'milagre econômico'[5] entrava em crise no país; 5) 'privilegiou' em sua propagação as empresas estatais — em geral presididas por militares — e as empresas com estreitas relações com a ditadura, vale dizer, as corporações do grande capital; 6) sua implantação ocorreu em íntima conexão com a reforma do setor bancário-financeiro brasileiro, com a criação e a remodelagem de instituições como o Banco Central, a Comissão de Valores Mobiliários, a Bolsa de Valores, as Corretoras e as Seguradoras (TAVARES, 1978).

Nos anos finais da década de 1960 e ao longo dos anos de 1970, as Entidades Fechadas de 'previdência privada' (EFPP), ou conforme a nominação própria aos Estados Unidos e aos países europeus, como Inglaterra e Holanda, os *pension funds* (fundos de pensão), denominavam-se no Brasil *Fundações de Seguridade Social* e *Fundações de Pecúlio.* À época, seu crescimento apenas se iniciava, mas sua função já se inseria à perfeição — para isso fora criada — na lógica do capital de comércio de dinheiro, do capital portador de juros e do capital fictício pela aquisição e pelos investimentos em títulos públicos e em ações de empresas capitalistas (MARX, 2017, p. 309/675).

Naqueles dias, ainda não se haviam esgotado por completo as possibilidades de enormes lucratividades ocasionadas por excepcionais — porque ancoradas na violência ditatorial contra a classe trabalhadora — montantes de expropriação de mais-valia acumulados sob a *ditadura do grande capital,* no período designado 'milagre econômico'. A 'ocupação' do Estado brasileiro por efetivos militares a soldo dos grandes capitais levou Ianni (1981) a construir densa análise sobre o que denominou os três traços da economia política da ditadura: o planejamento econômico estatal, a violência como força produtiva e o capital financeiro.[6]

---

5. No período de 1969 a 1974, as taxas de crescimento do PIB chegaram a quase 12% ao ano em razão da extração de mais-valia, que atingiu seus níveis mais altos e tornou-se possível somente por forte repressão e violência institucionalizada no Estado ditatorial do grande capital contra a classe trabalhadora organizada, conforme Ianni (1981).

6. Quase 25 anos após a publicação de sua rigorosa análise — o professor Ianni já não pode conferir seu enorme acerto sintetizado em seu livro *A ditadura do grande capital*, qual seja,

O crescimento imoderado da economia brasileira com taxas superiores a 9,5% ao ano, controladas pelo capital portador de juros, levou o Estado a estimular e a assegurar, desde o início da década de 1970, os mecanismos econômico-financeiros da lucratividade do grande capital para o período seguinte quando do declínio do 'milagre econômico': trata-se da formação do mercado de capitais constituído ao longo da primeira década da ditadura em nosso país.

Na segunda metade dos anos 1970, a crise do 'milagre econômico' estava posta de maneira irreversível na sociedade brasileira e as grandes greves do operariado e do(a)s trabalhador(a)es começavam a ser retomadas[7] em Contagem (MG) e no ABC paulista, lugar de instalação das grandes transnacionais. Entrementes, se o fim de uma longa fase de agigantado crescimento da economia brasileira aproximava-se, devia-se ao protagonismo da luta da classe trabalhadora brasileira; o operariado brasileiro, especialmente o que operava como força de trabalho nas mais desenvolvidas indústrias do grande capital, mas não exclusivamente, e que havia sido, pelo recurso à violência da política estatal, impedido de limitar com suas lutas contra os capitais a extração de mais-valia que lhe era expropriada, voltava com força à cena política e a determinava.

Para Ianni (1981), o tripé de capitais que sustentou este inédito crescimento econômico era formado pelos capitais imperialista, estatal e privado nacional, sob a hegemonia do grande capital em estreita colaboração com o aparato estatal posto a seu serviço.

O sucesso e a continuidade do 'modelo' de desenvolvimento alicerçado na *ditadura do grande capital*, com vínculos entre capitais industriais e bancário-financeiros abertos pelo golpe militar em 1964, supunham a criação de um mercado de capitais com bases sólidas.

---

a ativa cooperação político-econômica e para a aplicação de tortura estabelecida entre o Estado ditatorial e o grande capital —, as provas empíricas de seus estudos vêm à baila. Construído sem elas, mas com o rigor de uma análise marxista, seu trabalho encontrará, *a posteriori*, no ano de 2005, largas comprovações, oferecidas pelo jornal *O Globo*, no dia 15 de maio de 2005, na coluna O Mundo — "Repressão no pátio da fábrica" — José Casado.

7. Ver Alves (1989); Matos (1998); Netto (1991).

Ao Estado brasileiro caberia estimular e dar curso a uma gama de ações que aplainassem o terreno para o seu desenvolvimento em um nível 'superior' referenciado nas economias centrais e, em especial, na forma organizativa das instituições operacionais ao mercado de capitais dos Estados Unidos, inclusive para lhe oportunizar a expansão de seus negócios nestas terras.

O elenco de medidas tomadas pela ditadura em curso, a partir de 1º de abril de 1964, sofisticou o até então precário espaço de acumulação com centralidade nas finanças no país. Sem a pretensão de reconstituir a história da consolidação dos capitais de comércio de dinheiro no Brasil, parecem ter sido fundamentais na 'montagem' do Sistema Financeiro Nacional: 1) a constituição de uma nova e elaborada política monetária e creditícia no âmbito da reforma bancária, com instituições como o Conselho Monetário Nacional, o Banco Central da República do Brasil, posteriormente denominado Banco Central do Brasil, e a reestruturação e o aprofundamento do Sistema Financeiro Nacional, que até então era organizado sob a égide da Superintendência da Moeda e do Crédito (SUMOC)[8] e de seu Conselho. Para dar densidade ao novo Sistema Financeiro Nacional de que o grande capital necessitava, o autocrático Estado brasileiro criou o "Conselho Monetário Nacional, com a finalidade de formular a política da moeda e do crédito, como previsto nesta Lei, objetivando o progresso econômico e social do País", conforme a lei que promoveu estas decisivas alterações no mercado de capitais no Brasil, sob o número 4.595, de 31 de dezembro de 1964. Lei que foi responsável pela realização da Reforma Bancária no país. 2) Em 14 de julho de 1965, passa a vigorar a Lei n. 4.728, que "Disciplina o mercado de capitais e estabelece medidas para o seu desenvolvimento". A leitura e a análise dessa legislação

---

8. A SUMOC foi criada pelo Decreto nº 7.293, de 2 de fevereio de 1945, e tinha como funções controlar os meios de pagamento e o mercado monetário, bem como preparar a organização do Banco Central. Ela era administrada por um diretor-executivo. Sua orientação era realizada por um conselho composto do próprio diretor-executivo, pelo presidente do Banco do Brasil e pelos diretores das Carteiras de Redesconto, Câmbio, Caixa de Mobilização e Fiscalização Bancária e presidida pelo ministro da Fazenda.

demonstram as marcas dos esforços em seus artigos para 'disciplinar' os mercados bancário-financeiros, de capitais, com o intuito de atrair o público e, sobretudo, as suas reservas monetárias, "a captação de poupança popular no mercado de capitais" (Lei n. 4.728/1965), para tais modalidades de negócios ainda novas e pouco conhecidas no país. 3) Mais tarde, na continuidade das ações centrais para a consolidação do Brasil como um espaço preciso e precioso para a acumulação do capital, especialmente como capital de comércio de dinheiro, capital portador de juros e capital fictício, aprovou-se em 7 de dezembro de 1976 a Lei n. 6.385, que "Dispõe sobre o mercado de valores mobiliários e cria a Comissão de Valores Mobiliários", a CVM. Como nas demais leis já aqui assinaladas, também na presente a ênfase reside no estímulo à formação de poupança e recomenda: deve destinar-se à aplicação em ações do capital de companhias abertas controladas por capitais privados nacionais, como um importante reforço à expansão das *sociedades por ações*. Marx indicou serem as sociedades por ações formas novas de propriedade:

> O capital que, como tal, tem como base um modo social de produção e pressupõe uma concentração social dos meios de produção e forças de trabalho, adquire, assim, diretamente a forma de capital social (capital de indivíduos diretamente associados) em oposição ao capital privado, e suas empresas se apresentam como empresas sociais em oposição a empresas privadas. É a *suprassunção [Aufhebung] do capital como propriedade privada dentro dos limites do próprio modo de produção capitalista* (MARX, 2017, p. 494, grifos nossos).

4) Na semana seguinte, em 15 de dezembro de 1976, nova lei foi sancionada: tratava-se da Lei n. 6.404, que "Dispõe sobre as Sociedades por Ações". A legislação regulamenta que empresas poderão recorrer ao mecanismo de emissão de ações, tipifica as ações possíveis de serem emitidas e normatiza as condições de funcionamento destes negócios.

O abundante conjunto de medidas jurídico-políticas criado sob a *ditadura do grande capital* no Estado brasileiro preparou, consolidou e deu centralidade aos interesses das grandes finanças ao lhes proporcionar as condições para fazer prosperar seus negócios no Brasil. As leis mencionadas, por óbvio, não esgotam o conjunto de ações desencadeadas para a constituição dos recursos necessários ao desenvolvimento da acumulação do capital de comércio de dinheiro e suas formas desdobradas.[9] Todavia, a criação dos *mercados de valores mobiliários, financeiro e de capitais*, não obstante a autonomia que a economia e a política desejam conferir a cada um dos mercados tomados individualmente, compôs uma totalidade[10] que sedimentou o crescimento do capital portador de juros e o capital fictício no país, e instituiu a "financeirização" da "previdência privada" como um instrumento importante para a operação dos negócios dos grandes capitais no Brasil.

Contudo, se tais medidas e leis oportunizaram a instrumentalidade para que sua operação fosse possível, faltava-lhes ainda criar os recursos para que as intenções da grande burguesia, postas pelas várias iniciativas econômicas, políticas e legislativas, não restassem vazias por lhes faltar a materialidade, a riqueza que as sustentasse.

A 'previdência privada' foi a 'mediação' necessária ao grande capital na captação dos recursos incontornáveis ao desenvolvimento de seus lucros. Revela-se que o processo de construção da estrutura jurídico-política identificável pela formulação de uma abundante legislação nada mais é do que a expressão de um processo econômico-político unitário que revela os movimentos do capital em sua material historicidade no país.

O estímulo à criação de entidades de 'previdência privada' no Brasil carecia, no entanto, de uma legislação que amparasse as novas ações que esta forma de capital tencionava construir. A história do desenvolvimento da "previdência privada" em nosso país somente pôde prosperar após a aprovação da legislação que disciplinou e orientou

9. Ver Tavares (1978).

10. Ver texto "Los mercados financieiros", de Arnaud Zacharie. Disponível no sítio Rebelión: www.rebelion.org.

o funcionamento da 'previdência privada' — aberta e fechada — em finais dos anos 1970.

Precisamente, em 15 de julho de 1977, foi promulgada a Lei n. 6.435. Se com essa lei reconhecemos no Brasil um marco para o desenvolvimento das entidades de "previdência privada", igualam-se ou superam-na em importância o Decreto nº 81.240, de 20 de janeiro de 1978, e a Resolução nº 460, de 23 de fevereiro de 1978, expedida pelo Banco Central em cumprimento à decisão do Conselho Monetário Nacional. Todas as normas que regulamentaram a lei da "previdência privada" de 1977 estabeleceram os mais importantes parâmetros de seu funcionamento, mormente os relativos aos investimentos e às aplicações possíveis com os recursos das entidades de "previdência privada".

Ao acompanharmos o debate em torno da criação da Lei n. 6.435, de 1977, que instituiu a 'previdência privada' no Brasil, podemos estabelecer curiosa relação entre o fim do milagre econômico, o tripé de capitais envolvidos na construção de uma nova fase da economia brasileira e a urgência de assentar o ambiente confortável e próspero ao surgimento e à expansão da 'previdência privada' em nosso país. Ao mesmo tempo que se articulavam medidas jurídico-políticas e econômicas para a construção da 'previdência privada' brasileira nos moldes daquela construída nos Estados Unidos, também se reformulava o mercado de capitais no país para que o grande capital pudesse consolidar um de seus mais fortes componentes: os fundos de pensão, instituições financeiras não bancárias.

Nos dias de hoje, o grande capital materializa suas ações por intermédio de instituições e investidores institucionais, bancários e não bancários. As instituições não bancárias que alcançaram grande importância foram aquelas que encontraram nas aposentadorias e pensões um espaço para a acumulação capitalista — a partir de grandes quantias de recursos monetários subtraídos aos salários, a parte necessária do trabalho para a reprodução da trabalhadora, do trabalhador e de sua prole — na forma de 'previdência privada'.

Para Chesnais (1998, p. 32, grifos nossos), as mais importantes instituições financeiras não bancárias são *"os grandes fundos de pensão por capitalização, os grandes fundos de aplicação coletiva privados (os fundos mútuos), os grupos de seguros, especialmente os engajados na 'indústria' de pensões privadas e, enfim, os enormes bancos multinacionais".*

## "Previdência privada": a necessidade particular (dos capitais) "tornada" universal

> *Nessa subversão das categorias fundamentais do ser humano reside a fetichização inevitável que ocorre na sociedade capitalista. Na consciência humana o mundo aparece completamente diverso daquilo que na realidade ele é: aparece alterado na sua própria estrutura, deformado nas suas efetivas conexões (Lukács, 1968).*

Conforme já assinalamos, ao nosso juízo, a criação de uma lei que disciplinasse o surgimento e a expansão da "previdência privada", dita complementar, no Brasil, era decisiva para que o 'mercado de capitais' lograsse sucesso por aqui e se constituísse nas décadas seguintes, mais especialmente, a partir da segunda metade dos anos 1970, alternativa ao fim do milagre econômico. Dito de modo diverso, a construção da 'previdência privada' no Brasil, ao menos em seus anos iniciais, foi obra de interesse da burguesia estrangeira e local e das altas patentes militares dirigentes das empresas estatais brasileiras,[11] e expressa uma clara confluência entre os objetivos de diferentes frações do capital: os capitais imperialista, estatal e privado nacional na construção de um novo estágio do desenvolvimento do capitalismo no Brasil, o dos monopólios.

O primeiro traço a destacar da criação da 'previdência privada' no Brasil, como em todo o mundo, é que ela não resultou de demandas do

11. Para exemplarizar esta afirmação, são suficientes a ação e o papel do General Ernesto Geisel na criação do Fundo de Pensão da Petrobras, Petros, conforme Rocha e Wambier (2000).

mundo do trabalho e muito menos das frações da classe trabalhadora brasileira organizada em sindicatos. Ao contrário, o que se registrou na história da construção de diferentes fundos de pensão de estatais e de empresas do grande capital foi um esforço de convencimento da burguesia para que os trabalhadores realizassem suas adesões aos fundos de pensão e passassem a participar — a denominação ao associado à 'previdência privada' fechada é a de 'participante' — destes mecanismos "não previdenciários". Não foram raras as resistências dos trabalhadores aos fundos de pensão, mesmo que em plena ditadura e quando comandados por generais, conforme registro emblemático (ROCHA; WAMBIER, 2000) sobre a história da Fundação Petrobras de Seguridade Social (**Petros**), o fundo de pensão para (contra) a força de trabalho empregada na Petrobras.

A defesa da construção de leis que normatizassem a 'previdência privada' aberta e fechada no país era imperativa à burguesia para lhe permitir, essencialmente, a transformação das fundações de seguridade em fundos de pensão — conforme o modelo norte-americano —, e a expansão e o desenvolvimento dos negócios previdenciários pelas seguradoras e bancos no Brasil. Várias experiências de pecúlio, em especial nas áreas de aposentadorias e pensões, eram vistas com desconfiança pelos trabalhadores do país que assistiram — e foram por elas vitimados — ao longo do século XX muitos negócios deste ramo falirem e deixarem os 'poupadores' sem a segurança previdenciária que acreditavam ter comprado ao longo de muitos anos de contribuição. Urgia criar uma disposição acrítica entre as possíveis categorias de trabalhadores em condições de 'poupar' em "previdências" diferentes daquela oferecida pelo Estado — a pública e solidária, a política social — para que o 'mercado financeiro' expropriasse os recursos monetários do salário da classe trabalhadora para suprir sua irreprimível voracidade de 'dinheiro barato', produto necessário à evolução social do modo capitalista de produção nestas plagas.

A defesa de um novo nível de desenvolvimento da 'previdência privada' supunha a via de regulação pela burguesia brasileira para ultrapassar os limites das formas de organização que a "previdência privada" reproduzira até então no país.

# Acumulação capitalista e as leis que a legitimam

Atribuir centralidade à "previdência privada" na debilitação da previdência, entretanto, não encerra a complexa discussão que o tema oportuniza por não evidenciar a 'previdência privada' como um dos mais importantes e recentes mecanismos para enfrentar as urgências da acumulação capitalista do pós-Segunda Grande Guerra Mundial.

O *Manual de Normas e Instruções*[12] (2002) (MNI) do Banco Central demonstra que há no Brasil, no momento presente, uma numerosa variedade de instituições financeiras em operação. No segmento denominado Instituições Auxiliares não Monetárias, encontra-se um subgrupo denominado Investidores Institucionais constituídos por Fundos Mútuos,[13] Entidades Abertas e Fechadas de 'previdência privada'[14] e as Seguradoras.[15]

12. Fortuna (2003, p. 26 e ss, grifos nossos) classifica-as "segundo a peculiaridade de suas funções de crédito em segmentos, a saber: 1) *Instituições Financeiras Monetárias:* são as Instituições de Crédito a Curto Prazo; 2) *Instituições Financeiras não Monetárias:* são as Instituições de Crédito de Médio e Longo Prazos, de Crédito para Financiamento de Bens de Consumo Duráveis e as de Crédito Imobiliário; 3) *Instituições Auxiliares do Mercado Financeiro:* são as Instituições de Intermediação no Mercado de Capitais e as de Seguro e Capitalização que compreendem as Entidades Abertas de 'previdência privada' (EAPC) e as Entidades Fechadas de 'previdência privada' (EFPC); 4) *Bancos Múltiplos:* são as Instituições de Arrendamento Mercantil — *Leasing*".

13. "Conjunto de recursos formados pela soma de valores aplicados por diversos investidores e administrados por uma corretora de valores ou banco de investimentos. Trata-se de uma espécie de condomínio, no qual cada um dos aplicadores é proprietário de cotas. A corretora ou banco de investimentos reúne os recursos levantados e os aplica na compra de títulos, ações ou valores mobiliários. Os rendimentos obtidos são distribuídos aos cotistas do fundo de acordo com o número de cotas que possuem" (SANDRONI, 1999, p. 257).

14. "São instituições restritas a determinado grupo, contribuintes ou não, com o objetivo de valorização de seu patrimônio, para garantir a complementação da aposentadoria e, por esta razão, orientadas a aplicar parte de suas reservas técnicas no mercado financeiro e de capitais" (FORTUNA, 2002, p. 36-37).

15. "A chamada Lei da Reforma Bancária, Lei n. 4.595, de 31/12/1964, que reformulou o Sistema Financeiro Nacional, enquadrou as seguradoras como instituições financeiras, subordinando-as a novas disposições legais, sem, contudo, introduzir modificações de profundidade na legislação específica aplicável à atividade. As seguradoras são orientadas pelo BC quanto aos limites de aplicação de suas reservas técnicas nos mercados de renda fixa e renda variável" (FORTUNA, 2002, p. 37).

Ao longo da década de 1970, várias estatais e empresas ligadas ao grande capital constituíram *"seus"* fundos de pensão em substituição aos montepios existentes. A estrutura jurídico-legal da 'previdência privada', com a lei aprovada em 1977, obedeceu à urgência de uma nova fase da acumulação capitalista no Brasil: a idade dos monopólios, na qual o crescimento dos capitais portadores de juros e fictício aumentam em importância pela formação de um mercado de capitais.

No Brasil, baliza-se a expansão da 'previdência privada' com a aprovação da Lei n. 6.435,[16] de 15 de julho de 1977. Conforme já indicamos, além da Lei n. 6.435/77 e das alterações que se lhe fizeram, a Lei n. 6.462, de 9 de novembro de 1977, também os Decretos n^os^ 81.240 e 81.402 de 1978 conformam o marco legal inicial necessário à propulsão da 'previdência privada' no país, sob a ditadura militar. Respectivamente, o primeiro decreto regulamenta as entidades fechadas de 'previdência privada' e o segundo as entidades abertas de 'previdência privada'.

De existência recente, já no período da irrestrita abertura econômica posta em curso sob os governos de Fernando Collor, Fernando Henrique Cardoso (FHC), Luiz Inácio 'Lula' da Silva e Dilma Rousseff, uma nova e agressiva geração de medidas jurídico-políticas cumpriu igual importância às criadas pela *ditadura do grande capital* relativas à dilatação do espaço da *"previdência privada"*: elas asseguraram o tão vital impulso aos novos patamares do negócio capitalista de 'previdência privada'. A Emenda Constitucional nº 20/98 e as Leis Complementares nºs 108 e 109, de 29 de maio de 2001, do governo de Fernando Henrique Cardoso; a Emenda Constitucional nº 41, de 31 de dezembro de 2003, de Luiz Inácio Lula da Silva; a Lei n. 12.618,

16. A Lei n. 6.435/77, de 15 de julho de1977, deveria ter entrado em vigor a partir de 15 de novembro de 1977, ou 120 dias a partir de sua publicação. Entretanto, em razão das dificuldades e insatisfações com o seu teor, aprovou-se a Lei n. 6.462, de 9 de novembro de 1977, que remeteu a vigência da 6.435/77 para 1º de janeiro de 1978, quando já se encontravam bastante adiantadas as tratativas para sua regulamentação, especialmente as do Decreto nº 81.240, de 20 de janeiro de 1978.

de 30 de abril de 2012 e o Decreto nº 7.808/2012 autorizam e criam a Fundação de Previdência Complementar do Servidor Público Federal do Poder Executivo (Funpresp-Exe) da presidenta Dilma Rousseff.

A partir da Lei n. 6.435 de 1977, a 'previdência privada' no Brasil é também designada previdência complementar (PC) ao Regime Geral de Previdência Social (RGPS). Nela, define-se a 'previdência privada', conforme o exposto no artigo 1º do Capítulo I:

> Entidades de "previdência privada", para os efeitos da presente Lei, são as que têm por objeto instituir *planos privados* de concessão de pecúlios ou de rendas, de benefícios complementares ou assemelhados aos da previdência social, *mediante contribuição de seus participantes*, dos respectivos empregadores ou de ambos (Lei n. 6.435, de 15 de julho de 1977, grifos nossos).

Em situação diversa, uma instituição bancária pode ser contratada por uma empresa para gerir uma entidade fechada de 'previdência privada', neste caso as regras serão as cabíveis a um fundo de pensão e não as próprias de uma previdência aberta. Na mesma lei, são estabelecidas as competências dos órgãos do Estado e suas funções normativas e executivas, como a de fiscalizar, para os dois diferentes tipos de entidades de 'previdência privada'.

No artigo 3º que regulamenta quais serão os objetivos da ação do poder público, observamos que o Estado brasileiro, em relação à previdência dos trabalhadores, passa de garantidor da política social previdenciária e pública para englobar a função de fiscalizador[17] e

17. Por certo, um dos atos reveladores de uma eficiente fiscalização consiste na possibilidade de acesso dos interessados aos dados relativos às entidades fiscalizadas. Registre-se que, em 26 de setembro de 2005, os dados disponíveis na página do Ministério de Previdência e Assistência Social (MPAS) sobre as Entidades Fechadas de 'previdência privada' encontravam-se desatualizados desde janeiro de 2005. Em contraposição aos mecanismos de investimentos no mercado financeiro, os da fiscalização ou, pelo menos, de sua disponibilização por parte da Secretaria de 'previdência privada' são tão defasados, que o tempo decorrido é mais do que suficiente

organizador da 'previdência privada'. Alterou-se, substantivamente, o papel da previdência pública na proteção da classe trabalhadora do país, o que somente mais tarde poderia ser percebido em toda a sua extensão.

Ressaltam-se, com as observações anteriores, não os limites da ação do Estado na 'previdência privada', senão sua desresponsabilização com a previdência social, na medida mesmo em que estimula e dá condições de expansão para a 'previdência privada'. Forma perspicaz de o Estado realizar suas funções econômicas diretas, conforme em Netto, 1992, p. 21). O mesmo artigo 3º, item IV, possibilitou às entidades de 'previdência privada' tornarem-se investidores institucionais, instrumentos de políticas econômico-financeiras do governo federal, porquanto serem suas reservas e investimentos estabelecidos e direcionados por políticas de governo, amparados em legislação federal. Diz o referido item: "[...] coordenar as atividades reguladas por esta Lei com as políticas de desenvolvimento social e econômico-financeira do Governo Federal" (Lei n. 6.435, de 15 de julho de 1977, grifos nossos).

A 'previdência privada' por sua vez, divide-se[18] em Entidades Fechadas de 'previdência privada' **(EFPP)**, também conhecidas como Fundos de Pensão (FP), e em Entidades Abertas de 'previdência privada' **(EAPP)**. A Lei n. 6.435/77 caracterizou as entidades fechadas de 'previdência privada' com acessibilidade exclusiva aos empregados (participantes) de uma empresa ou de um grupo delas (patrocinadoras), os seus objetivos não serem de 'fins lucrativos' e sua organização na forma de sociedades civis ou de fundações.

As entidades abertas de 'previdência privada' distinguem-se por permitirem na contratação todo e qualquer indivíduo que deseje ingressar (e possa pagar) em seus planos, inclusive aqueles trabalhadores

---

para que os investimentos dos Fundos de Pensão tenham fracassado. A lei, entretanto, obriga a elaboração de balancetes mensais, enviados ao MPAS, e anual que, além do MPAS, também deve ser remetido a todos os participantes. De lá para cá, a degradação das informações públicas foi seriamente agravada. Veja-se a lei

18. Artigos 4º e 5º da Lei n. 6.435, de 1977.

de empresas que possuem fundos de pensão. As últimas são operadas como mecanismos tradicionais das instituições financeiras (bancos, seguradoras, corretoras). De 'livre escolha' do consumidor, esses fundos previdenciários, quando oferecidos por instituições bancário-financeiras tradicionais, são considerados 'entidades de fins lucrativos', organizadas sob a forma de sociedades anônimas.[19]

As fontes bibliográficas disponíveis que reconstituem as origens da "previdência privada" fechada no país, em sua maioria, registram, linearmente, importantes dados cronológicos, mas silenciam sobre os interesses sociais e as relações de classe responsáveis pela construção dos eventos históricos hoje plasmados em datas usadas na reconstrução de uma realidade anterior, passada, ditatorial.

O campo social e o tom dos debates levados a termo, no âmbito da fração burguesa que desejava a construção de fundos de pensão, não estão registrados nas análises na história dos fundos de pensão. Entender que frações da burguesia desejavam a edificação dos fundos de pensão, como a alternativa privilegiada para a consolidação da ação do grande capital com a consequente construção de um mercado de capitais vigoroso no país, nos exigiu recorrer a fontes não acadêmicas, como a revista *Visão*. Após intensa procura, localizamos um instrumento que teve a prerrogativa de dar voz pública ao debate intraburguês nas páginas da revista *Visão*. Elas consubstanciaram um emblemático e representativo debate sobre a 'moldagem' da 'previdência privada' desejada por frações da burguesia em nosso país. Ao longo do primeiro semestre de 1977, a *Visão* foi um destacado espaço de divulgação dos propósitos dos proprietários do capital que ali defenderam as regras que lhes interessavam ver aprovadas. Esforço burguês e de seu Estado ditatorial que, a 15 de julho de 1977, pela Lei n. 6.435, fez-se realidade e passou a vigorar a 1º de janeiro de 1978.

19. Artigo 5º, I, da Lei n. 6.435, de 1977.

# Referências

ALVES, Maria Helena Moreira. *Estado e oposição no Brasil*: 1964/1984. Petrópolis: Vozes, 1989.

CHESNAIS, François (coord.). *A mundialização financeira*: gênese, custos e riscos. São Paulo: Xamã, 1998.

GRANEMANN, Sara. *Para uma interpretação marxista da "previdência privada"*. 2006. Tese (Doutorado) — Programa de Pós-Graduação em Serviço Social, Universidade Federal do Rio de Janeiro, Rio de Janeiro, 2006.

GRANEMANN, Sara. Estado e questão social em tempos de crise do capital. *In*: GOMES, V. L. B.; VIEIRA, A. C. de S.; NASCIMENTO, M. A. C. (org.). *O avesso dos direitos*: Amazônia e Nordeste em questão. Recife: Editora Universitária da UFPE, 2012.

GRANEMANN, Sara. Previdência social: da Comuna de Paris aos (falsos) privilégios dos trabalhadores. *In*: LOURENÇO, E. A.; NAVARRO, V. L. (org.). *O avesso do trabalho III*: saúde do trabalhador e questões contemporâneas. São Paulo: Outras Expressões, 2013.

FORTUNA, Eduardo. *Mercado financeiro*: produtos e serviços. Rio de Janeiro: Qualitymark, 2002.

IANNI, Octavio. *A ditadura do grande capital*. Rio de Janeiro: Civilização Brasileira, 1981.

MANDEL, Ernest. *O capitalismo tardio*. São Paulo: Abril Cultural, 1982.

MARX, Karl. *O capital*: crítica da economia política. O processo de produção do capital. São Paulo: Boitempo, 2013. Livro I.

MARX, Karl. *O capital*: crítica da economia política. O processo de circulação do capital. São Paulo: Boitempo, 2014. Livro II.

MARX, Karl. *O capital*: crítica da economia política. O processo global de produção capitalista. São Paulo: Boitempo, 2017. Livro III.

MATOS, Marcelo Badaró. *Novos e velhos sindicalismos*: Rio de Janeiro 1955/1988. Rio de Janeiro: Vício de Leitura, 1998.

NETTO, José Paulo. *Ditadura e serviço social*. São Paulo: Cortez, 1991.

NETTO, José Paulo. *Capitalismo monopolista e serviço social*. São Paulo: Cortez, 1992.

ROCHA, José Sérgio; WAMBIER, Telmo. *Petros*: 30 anos de história. Rio de Janeiro: Mauad, 2000.

SANDRONI, Paulo (org. e supervisão). *Novíssimo dicionário de economia*. São Paulo: Best Seller, 1999.

TAVARES, Maria da Conceição. *Da substituição de importações ao capitalismo financeiro*: ensaios sobre economia brasileira. 7. ed. Rio de Janeiro: Zahar, 1978.

Para todas as leis consultadas, ver: http://www.planalto.gov.br.

CAPÍTULO 5

# Crédito consignado para aposentados:
## materialização do vínculo entre contrarreforma da previdência e *expropriação financeira*

*Rivânia Moura*

## 1. Introdução

O modelo de acumulação capitalista intensificado a partir de meados da década de 1970 tem por base: por um lado, o predomínio do capital portador de juros e do capital fictício; por outro lado, o aprofundamento da exploração do trabalho. Esses movimentos são indissociáveis uma vez que essas formas capitais são remuneradas com parte do lucro produzido, o que impõe a necessidade do aumento da exploração da força de trabalho. Chesnais (2005, p. 35) destaca que "o mundo contemporâneo apresenta uma configuração específica do capitalismo na qual o capital portador de juros está localizado no centro das relações econômicas e sociais".

Essa reorganização do capital objetiva retomar as taxas de lucro dos anos gloriosos[1], ameaçadas com a crise que se inicia no último quartel da década de 1960 e, para tanto, tem imposto aos países capitalistas uma política de ajuste fiscal e de superávit primário que recai em especial sobre os trabalhadores e trabalhadoras.

De acordo com Lapavitsas (2009a), a crise capitalista impôs um novo padrão de acumulação financeirizado e com predomínio dos bancos. Essa reorganização do capital traz a particularidade do mecanismo de *expropriação financeira* que está ancorado: no aumento da exploração e consequente diminuição do valor do trabalho necessário e na apropriação do dinheiro dos trabalhadores pelo sistema bancário.

> Desde o final dos anos 1970, a acumulação real teve um crescimento medíocre e precário, mas o setor financeiro cresceu extraordinariamente em termos de empregos, lucros e tamanho das instituições e dos mercados. O setor financeiro está agora presente em todos os aspectos da sociedade nos países desenvolvidos, embora também tenha crescido fortemente no mundo em desenvolvimento. Mas a mudança mais significativa foi, talvez, o aumento da expropriação financeira de trabalhadores e outras camadas da população (LAPAVITSAS, 2009a, p. 34).[2]

A perspectiva de recuperação das taxas de lucro do capital com ênfase na financeirização abre uma fase de profundas ameaças às

---

1. Período que se inicia após o final da Segunda Guerra Mundial que associou o fordismo ao keynesianismo e manteve altas taxas de lucratividade do capital por aproximadamente trinta anos.

2. Desde finales de los setenta, la acumulación real ha tenido um crecimiento mediocre y precario, pero el sector financiero ha crecido extraordinariamente en términos de empleo, beneficios y tamaño de las instituciones y los mercados. El sector financiero está ahora presente em todos los aspectos de la sociedad de los países desarrollados, aunque también há crecido fuertemente em el mundo en desarrollo. Pero el cambio más significativo ha sido, quizás, el aumento de la expropiación financiera de los trabajadores y otras capas de la población (LAPAVITSAS, 2009a, p. 34).

condições de vida dos trabalhadores. Por um lado, a política de ajuste fiscal tem atingido frontalmente os direitos sociais e trabalhistas conquistados e, por outro lado, há uma investida do capital para direcionar salários, aposentadorias e até mesmo benefícios sociais para o circuito da financeirização, sob domínio dos bancos. O crédito bancário para os trabalhadores; a implementação de políticas sociais via bolsas ou benefícios monetários; a privatização da educação, previdência e saúde, entre outros, têm sido os elementos-chave para esse processo de expropriação financeira.

No Brasil, a partir da década de 1990, várias medidas de ajuste fiscal com perspectiva neoliberal foram adotadas. Em 2016, a aprovação da Emenda Constitucional 95 (EC 95) que define a diminuição dos gastos públicos, exceto os gastos financeiros com encargos e juros da dívida pública, impôs um novo ajuste fiscal mais duro e com maior impacto para as políticas sociais. Para cumprir as metas estabelecidas na EC 95, faz-se necessário, então, realizar contrarreformas na educação, saúde, previdência, assistência social e em todas as políticas sociais no intuito de diminuir a fatia do fundo público que vai para os trabalhadores e, desse modo, avultar o bolo de recursos do fundo público para o capital.

As contrarreformas da previdência são exemplos emblemáticos de adequação do país ao receituário dos organismos financeiros internacionais que exigiram que o Brasil se transformasse, de acordo com Paulani (2010), numa "plataforma de valorização financeira internacional" que foi viabilizada pelo papel que o Estado assumiu em transformar a economia brasileira num paraíso atrativo ao capital financeiro. Uma das principais medidas adotadas pelo Estado brasileiro foi a realização das contrarreformas da previdência

> Na questão previdenciária, havia mais um sério obstáculo para que o país se integrasse de imediato na nova etapa de mundialização financeira. Nosso sistema previdenciário era marcado pelo regime de repartição simples, caracterizado pela solidariedade intergeracional e pela posição do Estado como seu principal ator. Esse sistema não combinava com os

> novos tempos, não só por conta do peso inaceitável dessas despesas no orçamento público, como pela falta, sentida no setor privado, de um mercado substantivo e promissor, até então praticamente monopolizado pelo Estado (PAULANI, 2008, p. 95).

A necessidade de impor novas regras para as aposentadorias e restruturar a política pública de previdência fez/faz parte do pacote de medidas exigidas pelo grande capital. Abrir a previdência ao mercado de capitais tornou-se garantia de que o país estava preparado para expandir e diversificar esse mercado e, ademais, estava disposto a manter os compromissos de superávit primário e pagamento dos encargos da dívida pública.

As contrarreformas da previdência ainda em curso e agora de modo mais nefasto com a PEC 06/2019[3] ancoradas no discurso do déficit previdenciário intencionam tornar a previdência pública mais restrita. A diminuição do valor das aposentadorias, o estabelecimento de um teto para aposentadorias, aumento da idade e do tempo de contribuição para a previdência tornaram mais limitado o acesso aos benefícios previdenciários. Em contrapartida, esse movimento foi essencial para a expansão da "previdência privada"[4] em suas modalidades aberta e fechada[5].

---

3. O Projeto de Emenda Complementar nº 06/2019 encaminhado pelo governo Bolsonaro e em tramitação trata de uma contrarreforma que institui novos critérios de acesso à previdência: estabelecimento de uma idade mínima para aposentadoria; aumento no tempo de contribuição com obrigatoriedade de 40 anos contribuindo para ter a integralidade da média das contribuições; modificações no cálculo das aposentadorias que leva em consideração todas as contribuições e não mais as oitenta maiores, o que faz com que o valor das aposentadorias seja bastante reduzido. Essas, entre outras questões, tornam reduzido o acesso à previdência social para atender aos parâmetros de diminuição dos recursos do fundo público com a previdência.

4. Utilizaremos a expressão "previdência privada" entre aspas para demarcar que não consideramos essa, de fato, uma previdência, mas sim um fundo de investimento privado altamente rentável para o capital portador de juros e que ganhou o nome previdência para se tornar mais palatável e vendável aos trabalhadores.

5. Esses modelos de "previdência" são operados, respectivamente, pelas Entidades Abertas de Previdência Complementar (EAPC) e Entidades Fechadas de Previdência Complementar (EFPC). A modalidade aberta de "previdência" privada configura-se por um plano individualizado que

A precarização da previdência pública está visceralmente vinculada à canalização do dinheiro dos trabalhadores da ativa e aposentados para o mercado de capitais e, deste modo, vender seguros com o nome de previdência se tornou atrativo para o capital. Em contrapartida, a esse desmonte do direito previdenciário, as "alternativas" postas aos trabalhadores foram: previdência privada, em especial fundos de pensão, para os trabalhadores com maiores salários; crédito consignado que teve uma adesão maior dos trabalhadores com baixos salários.

## 2. Expropriação financeira e crédito consignado no Brasil: uma análise sobre a situação dos trabalhadores aposentados

Entre as saídas financeirizadas postas aos trabalhadores diante do desmonte da previdência social, o crédito consignado para os aposentados tem se configurado como uma das formas mais perversas de apropriação do capital financeiro de parte das aposentadorias. Isso se deve, em especial, ao fato de o consignado estar diretamente associado ao processo de diminuição do valor das aposentadorias, de precarização das condições de vida dos aposentados e de novos condicionantes que dificultam o acesso à previdência pública.

A modalidade de crédito consignado com desconto automático em folha de pagamento aprovado em dezembro de 2003[6] se concretiza

pode ser comercializado nos bancos ou outras instituições financeiras. Já a modalidade fechada corresponde aos fundos de pensão que são instituídos por categoria profissional e conta com a contribuição dos trabalhadores e empregadores.

6. A Lei n. 10.820, de 17 de dezembro de 2003, institui o empréstimo com consignação em folha para os trabalhadores regidos pela Consolidação das Leis Trabalhistas (CLT), funcionários públicos e aposentados do INSS. Com relação a essa última categoria, a instrução normativa (IN) n. 28, de 16 de maio de 2008, do INSS, detalha as regras de funcionamento para desconto do consignado nas aposentadorias e pensões.

após duas grandes contrarreformas da previdência social de 1988, no governo de Fernando Henrique Cardoso, e de 2003, no governo Lula e rapidamente tem um crescimento muito acima das demais modalidades de crédito[7]. Essa expansão acelerada se deve, em grande medida, à garantia dos bancos ante a certeza de pagamento com juros, tendo em vista que o desconto das parcelas é compulsório, ou seja, os aposentados não têm a possibilidade do não pagamento.

Segundo o Banco Central (2004), a consignação em folha de pagamento é anterior a esta data, porém era realizada por um número muito pequeno de bancos que negociavam diretamente com os trabalhadores, em geral funcionários públicos que tinham ali o seu salário depositado.

A partir da regulamentação dos empréstimos consignados pelo governo Lula, este tipo de crédito ganha o *status* de política pública legitimado e gerido pelo Estado e apresentado aos trabalhadores como um novo direito. O crédito, na modalidade de consignados, encontra no Estado o ponto de intermediação das relações entre bancos/instituições financeiras e trabalhadores, já que é o próprio Estado que cria, regulamenta e incentiva esse mercado do crédito.

O consignado inscreve-se, na agenda governamental, como novo "direito" para a classe trabalhadora, sendo difundido inclusive como "cidadania bancária". Nesse sentido, o crédito para os trabalhadores veste-se com o manto do direito, do acesso ao consumo e da credibilidade, ou seja, da confiança. Quanto ao direito, é fato que a oportunidade de adquirir a mercadoria crédito representa, à primeira vista, um ganho para os trabalhadores mediante a dificuldade de manter a sobrevivência com o salário/aposentadoria. Porém, são esses mesmos salários ou aposentadorias rebaixadas que vão pagar a mercadoria crédito e remunerar o capital portador de juros por um longo período.

---

7. Em 2004, primeiro ano dos consignados, esse tipo de crédito com desconto em folha de pagamento cresceu muito acima da média do crédito livre, ou seja, das demais modalidades de crédito para pessoa física, como afirma o BCB em seu *Relatório de Economia Bancária e Crédito de 2004*.

O crédito para os trabalhadores, apresentado ideologicamente pelo Estado como um novo direito, advém de uma necessidade do capital em seu processo de acumulação que visa acelerar a transformação do dinheiro em capital por meio de mecanismos que direcionem o dinheiro dos trabalhadores para o domínio dos bancos. No entanto, o discurso do direito provoca, como destaca Gonçalves, certa "[...] alienação estimulada pela expansão do crédito" (GONÇALVES, 2013, p. 178).

Coube ao Estado, portanto, estruturar, organizar e monitorar um produto bancário — crédito consignado — divulgado como um direito para os trabalhadores, mas regido pelo lucro. O crescimento do consignado exigiu uma reorganização no próprio organograma do INSS: criou-se uma divisão nacional, uma divisão regional e um responsável técnico em cada gerência executiva para trabalhar somente com a demanda dos consignados, tendo em vista o rápido crescimento dessa demanda.

Segundo os dados extraídos do Sistema Único de Informações de Benefícios (SUIBE), em 2004, entre os meses de maio e dezembro[8], foram realizadas 559.433 operações de empréstimos consignados para os aposentados e pensionistas, o que totalizou um montante de R$ 1.485.335.779,24. O negócio, pensado pela central sindical e operado pelas instituições bancárias, em convênio com o Estado brasileiro, já demonstrava claros sinais de prosperidade. Foi isto que influenciou o Banco Central, no relatório de economia bancária e crédito de 2005, a declarar: o consignado é a modalidade de crédito que mais cresce no Brasil, com índice superior às demais modalidades de crédito para pessoa física.

O crescimento vertiginoso do crédito consignado para aposentados e pensionistas do INSS nos 10 primeiros anos foi capaz de movimentar 200 bilhões de reais em empréstimo. A projeção com os juros é de que aproximadamente meio trilhão de reais está em

8. O empréstimo consignado para aposentados e pensionistas do INSS, embora tenha sido regulamentado em dezembro de 2003, só começou a ser operacionalizado em maio de 2004.

jogo nessas operações e impactam diretamente na lucratividade dos bancos responsáveis pelos empréstimos. A concentração bancária na operação dos consignados favoreceu em especial 10 instituições como demonstra o gráfico a seguir:

**Gráfico 1** — Percentual de consignados concedido por banco entre 2004 e 2012

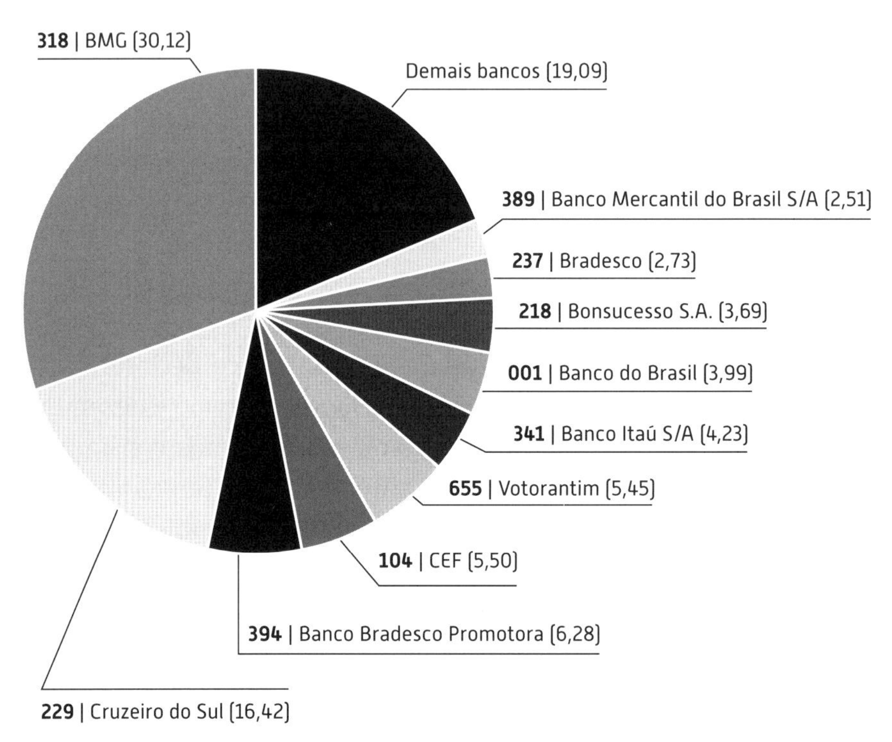


*Fonte*: SUIBE. Elaboração própria.

Em contrapartida a essa concentração bancária que fez dos consignados peça-chave para a lucratividade desses bancos, podemos observar na outra ponta a situação de endividamento prolongado a que estão acometidos os trabalhadores aposentados, em especial os que têm um valor mais baixo de aposentadoria.

Na pesquisa realizada nesses dez anos também foi possível identificar que 89% dos empréstimos consignados foram adquiridos por aposentados que recebem entre 1 e 3 salários mínimos. Esses dados nos revelam que os trabalhadores mais pobres, com menores salários, entraram no circuito da financeirização em que grande parte dos seus salários e aposentadorias é canalizada para os bancos e instituições financeiras.

Esse exemplo coaduna com a análise sobre *expropriação financeira* que intenciona direcionar o dinheiro de toda a sociedade para o sistema bancário, a fim de ser transformado em capital e que é indissociável da exploração do trabalho.

Em 2018, realizamos uma pesquisa na cidade de Mossoró que teve como público-alvo aposentados que participam dos Centros de Referências da Assistência Social. A nossa amostra foi composta por 50 idosos que contraíram empréstimo consignado e aceitaram responder ao questionário.

A tendência de os aposentados com menores aposentadorias contraírem consignados se manteve, pois verificamos que 62% dos aposentados que contraíram consignados recebem entre um e dois salários mínimos. A maior parte dos empréstimos contraídos foi com valores entre 500,00 e 2.000,00 reais, o que demonstra: valor baixo de empréstimo por estar relacionado a um valor baixo da aposentadoria.

A pesquisa nos revelou ainda que o dinheiro do empréstimo para os aposentados foi destinado principalmente para gastos com imóvel, saúde e para repassar a familiares. Esse fato comprova que o consignado tem sido destinado em grande medida a necessidades básicas, o que confronta a realidade de precarização das condições de vida dos aposentados. Ademais, é importante ressaltar que a perspectiva é de um empobrecimento progressivo e rápido dos aposentados alimentado pelo amplo endividamento e pela ampliação do desemprego que faz com que o dinheiro das aposentadorias seja para muitas famílias a única fonte de sustento.

No que se refere ao nível de endividamento dos aposentados, identificamos que mais de 70% dos empréstimos são feitos com parcelamento de 62 meses. Os juros acumulados por um período mais longo faz com que os aposentados paguem até três vezes o valor do crédito adquirido e prolonguem, deste modo, o prazo de remuneração do capital portador de juros. Vender a mercadoria crédito se tornou uma forma danosa de o capital se apropriar do dinheiro dos aposentados e, com isso, precarizar ainda mais a vida desses trabalhadores que já tiveram o valor das aposentadorias reduzido.

O dinheiro movimentado pela previdência social, desta vez o dinheiro pago aos aposentados e pensionistas, passa a ser objeto de usurpação dos bancos. O valor em operações de empréstimo: R$ 199.535.928.039,66 pela quantidade de operações realizadas: 118.647.244, nos revela que os consignados têm, em média, o valor de R$ 1.681,75. Isso posto, podemos inferir que: os empréstimo são, em geral, de pequenas quantias; os aposentados mais pobres é que estão a comprar a maior parte do crédito consignado; a redução do valor das aposentadorias gerou uma queda no consumo e isso impulsiona a aquisição do crédito; o valor adquirido de empréstimo, que não é nada exorbitante, poderia ser saciado por um sistema de proteção previdenciária que permitisse uma vida digna para os aposentados.

Por essas questões, insistimos em afirmar que o crédito não é direito, é mercadoria! Ademais, é uma mercadoria diferenciada, especial como afirmou Marx (1988b). O crédito ao ser consumido não transfere a propriedade para quem o compra; possibilita o acesso a outros bens de consumo; seu pagamento é feito com o acréscimo de juros; o seu consumo possibilita o aumento da própria expropriação dos trabalhadores.

O movimento de expropriação, próprio da lógica do capital em busca de extração e apropriação do lucro, se reorganiza à medida que o capital reconfigura seu processo de acumulação. Tratamos, no seu atual estágio de desenvolvimento, de *expropriação financeira*, de modo a evidenciar o processo de expropriação dos trabalhadores, que se dá em dois movimentos articulados e inseparáveis: primeiro, a intensificação do processo de exploração dos trabalhadores com a diminuição do valor do trabalho necessário,[9] o que reduz as condições de vida dos trabalhadores; segundo, a apropriação do salário ou aposentadoria, já reduzido, pelo capital bancário mediante a venda de serviços financeiros, em especial o crédito.

A articulação entre expropriação do trabalho necessário — diminuição do valor do salário[10], aumento da exploração — e alternativas financeirizadas para apropriação desse salário pelo capital pode ser compreendida como um movimento particular de expropriação impulsionado pelo capital que porta juros: *expropriação financeira*[11]. Para Lapavitsas,

> A extração direta de benefícios financeiros da renda pessoal é parte da expropriação financeira. Isso não deve ser confundido com exploração, que ocorre sistematicamente na produção e continua sendo a pedra angular das economias capitalistas contemporâneas. Em vez disso, a expropriação financeira é uma fonte adicional de lucro que tem sua origem na esfera da circulação. No que diz respeito à renda pessoal, mobiliza fluxos existentes de dinheiro e valor, em vez de novos fluxos de mais-valia. Mas, embora ocorra em circulação, na medida em que

9. O trabalho necessário é, para Marx, o valor necessário para a reprodução do trabalhador, pago sob a forma de salário. Expressa a única possibilidade de reprodução da classe trabalhadora, tendo em vista que esta sobrevive da venda de sua força de trabalho. "O *valor* da força de trabalho se determina pela quantidade de trabalho necessário para a sua conservação, ou reprodução, mas o *uso* dessa força só é limitado pela energia vital e a força física do operário" (MARX, [1867] 1988a, p.98. Grifos no original).

10. Pode ocorrer, como já afirmava Marx, um aumento nominal do salário, porém este é necessariamente inferior ao aumento da produtividade do trabalho, para se manter em alta as taxas de lucro.

11. É importante destacar que a expropriação financeira atende à necessidade urgente do capital financeiro de formar capital bancário em larga escala. Essa vinculação permite que o salário dos trabalhadores seja revertido em capital portador de juros e, por isso, seja lançado no mercado de comércio de dinheiro para ser transformado em capital.

> ocorre de forma sistemática e por meio de processos econômicos, também possui uma vertente de exploração (2009a, p. 40).[12]

Nesse sistema, os bancos ampliam substancialmente os serviços/ mercadorias para os trabalhadores, a fim de direcionar os salários para ser transformado em capital e, com isso, potencializar a apropriação de parte do lucro produzido. De acordo com Lapavitsas (2009b, p. 02), "[...] a financeirização permitiu que a ética, moralidade e mentalidade das finanças penetre a vida social e individual". A financeirização canaliza todos os setores da vida para o circuito das finanças. Tornou-se não somente comum, mas praticamente obrigatório o uso de cartão de crédito, de conta bancária, de empréstimos, de dívidas, de crediário. Segundo Lapavitsas,

> Quanto mais os trabalhadores individuais foram forçados a depender de instituições financeiras, mais as vantagens inerentes destas em informação, poder e motivação as permitiram rebalancear as transações em seu benefício próprio. Os elementos de supremacia e subordinação estão presentes nessas relações, apesar de não haver na produção uma analogia direta à exploração. Ainda assim, a expropriação financeira se baseia em uma desigualdade fundamental entre as instituições financeiras e os trabalhadores com acesso a finanças (LAPAVITSAS, 2009b, p. 12)[13].

---

12. La extracción directa de beneficios financieros a partir de la renta personal es parte de la expropiación financiera. No debe confundirse esto con la explotación, que tiene lugar de forma sistemática en la producción y sigue siendo la piedra angular de las economías capitalistas contemporáneas. La expropiación financiera es más bien una fuente adicional de beneficio que tiene su origen en la esfera de la circulación. Por cuanto se refiere a la renta personal, moviliza flujos ya existentes de dinero y valor, más que nuevos flujos de plusvalor. Pero, aunque tenga lugar en la circulación, como se produce de forma sistemática y mediante procesos económicos, también tiene un aspecto de explotación (2009a, p. 40).

13. The more that individual workers have been forced to rely on financial institutions, the more the inherent advantages of the later in information, power, and motivation have allowed them to tilt transactions to their own benefit. Elements of supremacy and subordination are present in these relations, though there is no direct analogue with exploitation in production. Still, financial expropriation draws on a fundamental inequality between financial institutions and

No Brasil, de acordo com o Banco Central, o esforço para a "inclusão" financeira se traduz principalmente na inserção dos trabalhadores nos serviços bancários e financeiros. Todos os trabalhadores são empurrados, de alguma forma, a estabelecer relações com os bancos. Até os trabalhadores mais pobres, desempregados e, portanto, sem salário, que vivem de subsídios de programas sociais, possuem um cartão magnético e dependem do banco para receber seu pagamento. Até mesmo os benefícios sociais, sob o formato de bolsas a serem pagas aos usuários, passam pelo "filtro" dos bancos[14], ou seja, são também operados por instituições bancárias.

Deste modo, a sociabilidade regulada pelo cartão magnético não é mais "privilégio" das classes sociais mais abastadas: é uma exigência dos tempos presentes. Por menor que seja a remuneração dos trabalhadores, para o capital é importante que esta seja "capturada" e posta a seu serviço.

Por isso, a apropriação do salário/aposentadoria a ser transformado em capital torna-se imprescindível nos tempos presentes. Por menor que seja a quantidade de dinheiro dos trabalhadores, precisa ser posta à disposição do capital e/ou ser transformada em capital. Em outras palavras, os bancos, ao concentrarem o dinheiro da sociedade, apropriam-se dos salários, aposentadorias, benefícios sociais via programas de transferências de renda etc. para transformá-los em capital.

---

working people accessing finance (LAPAVITSAS, 2009b, p. 18). Texto no original. Tradução: Eudo Araújo Jr.

14. "Os usuários do Programa Bolsa Família, que são selecionados para o programa por possuírem renda *per capita* de RS 70,00 mensais, podem optar agora por abrir uma conta bancária na Caixa Econômica Federal para receber o benefício. Ao optar pela abertura da conta, o usuário pode usufruir de todos os demais serviços oferecidos pelo banco: cartão de crédito, empréstimo pessoal, cheque especial, entre outros. Essa matéria foi divulgada pelo Ministério do Desenvolvimento Social e Combate à Fome em 23 de agosto de 2012". Disponível em: www.mds.gov.br. Acesso em: 10 abr. 2013. Os usuários do PBF já possuem um cartão magnético que lhes dá acesso ao benefício, mas abre-se mais uma possibilidade para a "cidadania bancária" — a conta corrente —, e com ela a oferta de todos os serviços bancários. Essa é uma clara demonstração de violenta sucção que o capital portador de juros faz sobre as rendas do trabalho, não importa a sua quantidade.

Essa tendência fundamental pressupõe o envolvimento crescente dos trabalhadores com os mecanismos financeiros para suprir necessidades elementares. Ao mesmo tempo que, para os trabalhadores, esse mecanismo de crédito lhes permite o consumo de mercadorias necessárias à sua sobrevivência, permite aos bancos a extração de lucros significativos diretamente de salários e aposentadorias.

Na expropriação primitiva do capital foram extraídos dos trabalhadores todos os seus meios de trabalho, de maneira que eles se tornassem trabalhadores "livres" e disponíveis para vender sua força de trabalho[15] a qualquer preço. No entanto, várias expropriações sucedem à primária. A análise de Virgínia Fontes sobre o atual momento de acumulação do capital nos permite compreender que existem no capitalismo outras formas de expropriação:

> A *expropriação primária*, original, de grandes massas campesinas ou agrárias, convertidas de boa vontade (atraídas pela cidade) ou não (expulsas por razões diversas, de suas terras, ou incapacitadas de manter sua reprodução plena através de procedimentos tradicionais, em geral agrários), permanece e se aprofunda, ao lado de *expropriações secundárias*, impulsionadas pelo capital-imperialismo contemporâneo (FONTES, 2010, p.44, grifos da autora).

A fase imperialista combina novas formas de expropriação com as formas antigas. Desse modo, a busca por novos espaços em que seja possível explorar para manter a taxa de lucro crescente faz com que o capital utilize métodos pretéritos de exploração da classe trabalhadora, tais como diminuição dos salários, aumento da jornada de

---

15. "O movimento histórico que transforma os produtores em trabalhadores assalariados aparece, por um lado, como sua libertação da servidão e da coação corporativa; e esse aspecto é o único que existe para nossos escribas burgueses da História. Por outro lado, porém, esses recém-libertados só se tornam vendedores de si mesmos depois que todos os seus meios de produção e todas as garantias de sua existência, oferecidas pelas velhas instituições feudais, lhes foram roubados. E a história dessa expropriação está inscrita nos anais da humanidade com traços de sangue e fogo" (MARX, [1867] 1988a, p. 252).

trabalho, intensificação do trabalho combinados com métodos mais recentes, como a *expropriação financeira*. Para Lapavitsas (2009b, p. 11),

> O envolvimento em larga escala dos trabalhadores nos mecanismos financeiros é a base da expropriação financeira. No entanto, a proporção de rendimentos provenientes dos trabalhadores que vai para os bancos e outras instituições financeiras é difícil de ser medida numa escala agregada. Ainda assim, pela perspectiva dos grandes bancos, não há dúvida de que emprestar para indivíduos se tornou cada vez mais importante para os lucros bancários.[16]

A *expropriação financeira*, própria do momento de maior protagonismo do capital portador de juros, apoia-se na criação de mecanismos de submissão dos trabalhadores ao sistema bancário e, para tanto, o crédito apresenta-se como fundamental. O crédito consignado para aposentados é a matéria fina nesse sistema por ser um negócio seguro para os bancos: a certeza do pagamento acrescido de juros aliada à segurança das aposentadorias.

Expropriar os trabalhadores de suas condições de sobrevivência é uma das dimensões do processo de acumulação atual. O dinheiro do trabalho, ao ser transformado em capital, alimenta o sistema financeiro e, também, a elevação da exploração e da extração de mais-valia. Com efeito, o pagamento de juros pelos trabalhadores contribui para que o capital explore novos nichos de extração de mais-valia, implemente formas alternativas de precarização do trabalho, diversifique a automação da produção, com a diminuição dos postos de trabalho, aumente a exploração via intensificação do trabalho etc.

---

16. Widespread implication of workers in the mechanisms of finance is the basis of financial expropriation. However, the proportion of worker income that accrues to banks and other financial institutions is hard to measure on as aggregate scale. Yet, from the perspective of large banks, there is no doubt at all that lending to individuals has become increasingly important for bank profits (LAPAVITSAS, 2009b, p. 16). Texto no original. Tradução: Eudo Araújo Jr.

A inserção dos trabalhadores, até mesmo dos mais pobres, no sistema bancário tornou-se algo comum. Antes da explosão da financeirização, manter conta corrente, cheque e cartão de crédito era algo que estava destinado, além do capital, a segmentos dos trabalhadores com melhores salários. A popularização do acesso ao sistema bancário ocorre mais por uma demanda do próprio capital do que do trabalho. Isso se deve à necessidade de cada vez mais concentrar dinheiro em favor dos bancos.

O crédito "fácil", como foi deflagrado o consignado, embora apareça como uma alternativa contra a privação do consumo por parte dos aposentados, encerra também: o lucro bancário, a exponencial elevação da concentração de capital, a sucção dos salários/aposentadorias pelo capital, o aumento da exploração dos trabalhadores, o endividamento e, consequentemente, o empobrecimento.

## 3. Considerações finais

A regulamentação e expansão do crédito consignado para aposentados e pensionistas do INSS ocorrem num contexto de desmonte da previdência pública após as contrarreformas que incide na retração dos direitos previdenciários e na precarização das condições de vida dos aposentados. De modo geral, a abertura de diversas modalidades de crédito para os trabalhadores no Brasil coaduna com o predomínio do capital portador de juros e consolidação da financeirização da economia no país.

O movimento dos consignados provou estar associado aos processos mais gerais da acumulação capitalista. À medida que aponta ter o maior crescimento no âmbito do crédito ganha mais incentivo e demonstra, com isso, o potencial de influência na lucratividade dos bancos. O caso dos consignados confirma a funcionalidade do crédito analisada por Marx, em *O Capital*, qual seja, aprofundar a concentração do capital; acelerar a rotação do capital e potencializar a mercadoria-capital. Embora os consignados estejam direcionados aos trabalhadores, o seu movimento, demonstrado pela relação estabelecida entre os bancos, reafirma a importância que adquiriu na acumulação do capital, em especial do portador de juros.

O foco nos aposentados apresenta-se, também, como uma particularidade dos consignados. Em primeiro lugar, por ter sido para os aposentados o maior crescimento dos consignados. Em segundo lugar pelo volume de dinheiro que esse crédito conseguiu movimentar em tão pouco tempo e num contexto de retração dos direitos previdenciários e diminuição das aposentadorias.

O mercado dos consignados promove um duplo movimento na economia: ampliar a quantidade de dinheiro injetado no consumo e avolumar o capital bancário por meio do pagamento, prolongado, de juros. Não é demais reafirmar que o processo de expansão dos consignados fez destes uma *potência inteiramente nova de expropriação do trabalho*, por ser capaz de canalizar o dinheiro dos trabalhadores para o mercado de capitais. No caso dos aposentados, a situação é mais dramática, pois a expansão do crédito consignado ocorre num contexto de redução das aposentadorias e demais direitos previdenciários.

Nesse cenário de retração da previdência, o crédito pode ser compreendido como uma medida compensatória que visa ampliar o consumo em detrimento da perda de direitos historicamente conquistados. O crédito realiza uma possibilidade de consumo para os aposentados, porém a médio e longo prazos a tendência é de perda da capacidade de consumo, rebaixamento das condições de vida, empobrecimento e endividamento pelo comprometimento das aposentadorias com o pagamento dos juros.

Ocorre, deste modo, um aprofundamento da expropriação do trabalho, nesse caso dos aposentados. O dinheiro pago em juros vai diretamente para os bancos e tende a se transformar em capital, em especial que porta juros. Esse tipo de capital se apropria de parte da lucratividade produzida e, nesse sentido, a sua busca pela valorização influencia o aumento da exploração dos trabalhadores, financiada com dinheiro dos próprios trabalhadores.

## Referências


BCB. *Relatório de Economia Bancária e Crédito (2003 — 2013)*. Brasília: BCB. Disponível em: http://www.bcb.gov.br/?spread. Acesso em: 5 mar. 2014.

BRASIL. *Lei N. 10820, de 17 de dezembro de 2003*. Disponível em: http://www.planalto.gov.br/ccivil_03/leis/2003/L10.820Compilado.htm. Acesso em: 16 jan. 2014.

CHESNAIS, François. O capital portador de juros: acumulação internacionalização, efeitos econômicos e políticos. *In*: CHESNAIS, F. (org). *A finança mundializada*. São Paulo: Boitempo, 2005.

FONTES, Virgínia. *O Brasil e o capital-imperialismo*: teoria e história. 2. ed. Rio de Janeiro: Editora UFRJ, 2010.

GONÇALVES, Reinaldo. *O desenvolvimento às avessas:* verdade, má-fé e ilusão no atual modelo brasileiro de desenvolvimento. Rio de Janeiro: LTC, 2013.

LAPAVITSAS, Costa. *El capitalismo financiarizado*: expansión y crisis. Madrid: Maia Ediciones, 2009a.

LAPAVITSAS, Costa. *Financialised capitalism*: crisis and financial expropriation. Department of Economic, School of Oriental and African Studies. Londres, 2009b (Tradução de Eudo Araújo Júnior).

MARX, Karl. *O capital*: crítica da economia política. Livro 1, volume II. Tradução: Regis Barbosa e Flávio R. Kothe. 3. ed. São Paulo: Nova Cultural, [1867] 1988a.

MARX, Karl. *O capital*: crítica da economia política. Livro 3, volume IV. Tradução: Regis Barbosa e Flávio R. Kothe. 3. ed. São Paulo: Nova Cultural, [1894] 1988b.

MOURA, Rivânia. *Crédito consignado*: potência inteiramente nova de expropriação do trabalho. Rio de Janeiro: UFRJ, 2016. (tese de doutorado)

PAULANI, Lêda. *Brasil delivery:* servidão financeira e estado de emergência econômico. São Paulo: Boitempo, 2008.

PAULANI, Lêda. Capitalismo financeiro, estado de emergência econômico e hegemonia às avessas no Brasil. *In*: *Hegemonia às avessas*: economia, política e cultura na era da servidão financeira. São Paulo: Boitempo, 2010.

## Sitios consultados

www.bcb.br

www.mds.gov.br

CAPÍTULO 6

# A fragmentação do Benefício de Prestação Continuada (BPC):

## entre a Assistência Social e a Previdência Social

*Leidiany Marques de Souza*
*Roberta Stopa*

## Considerações iniciais

O Benefício de Prestação Continuada (BPC)[1] foi garantido na Constituição Federal de 1988, no Capítulo II do Título VIII, "Da Ordem Social", o qual regulamentou a Seguridade Social, compreendendo as políticas de Saúde, Previdência Social e Assistência Social. Desde a garantia do BPC como um dos objetivos da Assistência Social, além

1. Conforme texto constitucional: artigo 203, V – "a garantia de um salário mínimo de benefício mensal à pessoa portadora de deficiência e ao idoso que comprovem não possuir meios de prover a própria manutenção ou de tê-la provida por sua família, conforme dispuser a lei". Somente na Lei Orgânica da Assistência Social (LOAS) é que foi denominado Benefício de Prestação Continuada.

de o processo de regulamentação ter acontecido tardiamente e de muitas alterações terem sido aprovadas nas regras de concessão do Benefício, a operacionalização e a manutenção ficaram a cargo do Instituto Nacional do Seguro Social (INSS). Nessa perspectiva, o BPC foi estruturado de forma ambígua, pois é regulamentado, gerido e financiado pela Assistência Social, contudo, por estar no INSS, o Benefício é ressignificado e materializado pelos procedimentos e pelas normas impostas pelo órgão, ocorrendo uma fragmentação que acarreta consequências na garantia ao acesso e na manutenção.

No INSS, as pessoas que requerem o BPC se deparam com contradições no atendimento e durante o processo de concessão, justamente por se tratar de um Benefício da Assistência Social. Os benefícios previdenciários e assistenciais são compreendidos de forma diferente, haja vista a necessidade de contribuição direta e filiação obrigatória para o acesso aos benefícios previdenciários. Ora, Previdência e Assistência Social são Políticas de Seguridade Social, entretanto o processo de constituição dessas Políticas aconteceu em um contexto mundial de crise e de reestruturação dos direitos sociais sob a perspectiva neoliberal e, contrariando a previsão constitucional, cada Política teve sua regulamentação, gestão, seu financiamento e controle social, resultando na desarticulação do conceito de Seguridade Social afirmado na Constituição Federal (CF/88).

É preciso contextualizar o BPC no processo histórico da Assistência Social no Brasil, bem como o analisar perante o processo de desconstrução da Seguridade Social. Historicamente, a Assistência Social foi consolidada no campo da caridade e da filantropia, tendo sua garantia como uma política pública de direito somente a partir da CF/88. Com o passar dos anos, houve avanços, como a aprovação da Política Nacional de Assistência Social (PNAS) em 2004 e do Sistema Único de Assistência Social (SUAS) em 2005,[2] que asseguraram o cofinanciamento, a tipificação dos serviços, a territorialização, entre outros. A partir

2. Cabe ressaltar que o SUAS foi garantido como lei somente em 2011, Lei nº 12.435, o que pode ter conferido ao Sistema fragilidades e descontinuidade.

do SUAS, a Assistência Social ganhou corpo e visibilidade, o que não significa que esse Sistema esteja sendo implementado com qualidade e que, assim, a Política tenha superado seus aspectos tradicionais, como o assistencialismo e o uso da política com fins eleitoreiros.

O combate à pobreza se tornou uma estratégia das gestões governamentais, com foco, em especial, nos programas de transferência de renda, ainda que em uma perspectiva dos mínimos. Simultaneamente, as políticas públicas são sucateadas para que as empresas privadas possam aumentar e consolidar seu poder no mercado. Nessa perspectiva, este capítulo, que foi desenvolvido com base nas pesquisas[3] realizadas pelas autoras em diferentes programas de pós-graduação, objetiva debater as contradições na regulamentação e na operacionalização do BPC. O caminho traçado percorre uma linha tênue entre a crítica ao sistema, que engendra a sua gestão e operacionalização, e a defesa do Benefício como um importante direito social das pessoas com deficiência e idosos, em uma sociedade de parcos acessos aos direitos sociais.

## A incidência das orientações do Banco Mundial nas políticas sociais brasileiras

Ainda na década de 1980, o Sistema de Seguridade Social brasileiro passou a ser alvo das denominadas "reformas" de ajuste neoliberal, propostas pelo Banco Mundial. Tal fato se deu principalmente em decorrência do crescimento da dívida externa dos países latino-americanos, sendo agravado pelo processo de dependência desses países aos organismos financeiros internacionais. Segundo Correia (2005), esse processo culminou no fato de os países endividados usarem recursos

3. As pesquisas resultaram na tese "*O direito constitucional ao Benefício de Prestação Continuada da Assistência Social (BPC): o penoso caminho para o acesso*" (STOPA, 2017), e na dissertação "*O trabalho do assistente social no Instituto Nacional do Seguro Social/INSS-PA: da concretização dos direitos previdenciários à operacionalização do Benefício de Prestação Continuada (BPC)*" (SOUZA, 2017).

necessários referentes ao pagamento dos serviços da dívida externa através de processos inflacionários em clima de recessão, efetivando-se a primeira revisão das políticas de ajuste estrutural, em 1985, por parte da Secretaria do Tesouro dos Estados Unidos mediante o lançamento do chamado Plano Baker.[4]

A partir desse Plano, o Banco Mundial e o Fundo Monetário Internacional (FMI) passaram a intervir na administração da dívida latino-americana, através de orientações e financiamentos para reformas estruturais voltadas para a retomada do crescimento econômico dos países latino-americanos. Com efeito, a dívida externa passou a se constituir em um fator de pressão decisivo para os referidos países adotarem os receituários das organizações financeiras, definidos no Consenso de Washington:[5] o FMI e o Banco Mundial passaram a desempenhar um papel hegemônico no que concerne à orientação das políticas econômicas adotadas pelos países mencionados, mediante a imposição da adoção de programas de estabilização e de ajuste fiscal (CORREIA, 2005).

As políticas econômicas e sociais implementadas pelos países de capitalismo periférico tornaram-se reféns das condicionalidades impostas pelos organismos financeiros internacionais, os quais recomendavam reformas do Estado no sentido de racionalizar os investimentos na área social e do fortalecimento do setor privado na oferta de bens e serviços coletivos. Esses organismos passaram a orientar os governos para priorizarem os "setores sociais fundamentais", os mais vulneráveis, promovendo políticas públicas que focalizassem a extrema pobreza, objetivando a eficácia e a equidade dos investimentos sociais.

Ao analisar os três documentos elaborados pelo Banco Mundial com orientações para a América Latina, Souza (2017) esclarece que os conteúdos dessas orientações, em síntese, explicitam a necessidade da

---

4. Esse Plano objetivou possibilitar meios financeiros para que os países devedores retomassem o seu crescimento econômico (CORREIA, 2005).

5. Esse Consenso partiu de uma convenção realizada em 1989, na capital dos EUA, Washington, quando foram discutidos pelo Fundo Monetário Internacional (FMI), pelo Banco Interamericano de Desenvolvimento (BID) e pelo governo norte-americano os caminhos políticos necessários para a implementação do programa de estabilização (STOPA, 2017).

retirada de direitos trabalhistas, para que o valor economizado seja direcionado às políticas sociais destinadas aos "mais pobres". Os documentos analisados foram: O combate à pobreza no Brasil: relatório sobre a pobreza com ênfase nas políticas voltadas para a redução da pobreza urbana/2001, no governo do presidente Fernando Henrique Cardoso; o Documento de estratégia de assistência ao país (Brasil) de 09/12/2003 referenda uma avaliação do primeiro ano de mandato do ex-presidente Luiz Inácio Lula da Silva, em que a manutenção de empréstimos para o país foi condicionada ao desenvolvimento de ajustes fiscais e à reforma da Previdência Social, bem como à focalização das políticas sociais; e Social protection for the harder road: containing the social costs of lower growth in Latin American and the Caribbean 2015 (ainda sem tradução para o português), o qual apresenta orientações importantes para os países da América Latina enfrentarem os rebatimentos da crise mundial do capital.

No primeiro documento, há uma citação positiva do programa Bolsa Escola criado no governo Fernando Henrique Cardoso, com orientações para seu alargamento redistributivo como forma de combate à pobreza no país. Esse documento desconsidera que a retirada de direitos trabalhistas atende ao modelo flexível do capital rentista atual, significando o empobrecimento da classe trabalhadora, além de diminuir o acesso à Política de Previdência Social.

O governo do presidente Lula da Silva seguiu as orientações do Banco Mundial, por meio da implantação da austeridade fiscal, do estabelecimento de metas da inflação e com o cumprimento dos contratos da dívida pública, além da implantação dos programas sociais de transferência de renda para os segmentos mais pobres do país, especialmente o Bolsa Família. O último documento faz uma avaliação positiva do avanço dos benefícios e dos programas de transferência de renda direta, a exemplo do Programa Bolsa Família e das "pensões não contributivas", como o Benefício de Prestação Continuada (BPC). Importa registrar que em toda a América Latina há um avanço de medidas destinadas ao controle da população usuária que acessa os sistemas protetivos, através da implantação de cadastros que visam identificar, localizar e alcançar os mais pobres; no Brasil a materialização dessa orientação se dá por meio do Cadastro Único para Programas Sociais do governo federal.[6]

Ainda que existam diferenças nos planos e nas pautas políticas entre os governos, o Brasil vivencia o neoliberalismo, que se intensificou e se consolidou em todos os governos nas últimas décadas, as políticas públicas são descontruídas e mercantilizadas, transformando direitos sociais em produtos vendáveis. Com isso, é recorrente que as políticas sociais públicas sejam alvos constantes de contrarreformas. O BPC, que é um benefício da Assistência Social, esteve presente em todas as propostas de emenda constitucional de contrarreforma da Previdência Social,[7] e entre as mudanças sugeridas sempre constam o aumento da idade para o acesso e a desvinculação do valor do Benefício do salário mínimo.

## A regulamentação e desregulamentação do BPC

O BPC tem sua gênese no benefício previdenciário denominado Renda Mensal Vitalícia (RMV), regulamentado em 1974 pela Lei n. 6.179 como uma renda no valor de 60% do salário mínimo, destinada às pessoas incapacitadas para o trabalho e aos idosos com 70 anos ou mais que tivessem tido alguma filiação ou contribuição à Previdência Social ou, ainda, que comprovassem algum tempo de trabalho. Com a regulamentação do BPC pela Lei Orgânica da Assistência Social (LOAS), n. 8.742, em 1993, a RMV foi extinta, mesmo que esse processo não tenha acontecido conforme previsão constitucional.

---

6. O Cadastro Único é um conjunto de informações sobre as famílias brasileiras em situação de pobreza e extrema pobreza. Foi criado em 2001, disciplinado em 2007 e regulamentado em 2008. As informações são utilizadas pelo governo federal, pelos estados e pelos municípios para implementação de políticas sociais públicas.

7. Mesmo quando não há uma contrarreforma propriamente dita, são emitidas inúmeras normativas e medidas provisórias com o propósito de reduzir o acesso aos Benefícios.

O BPC teve seu processo de concessão iniciado somente em 1996. Isso se deve, principalmente, mas não só, à morosidade da aprovação da LOAS e da regularização do processo de operacionalização do Benefício. Entre os vetos nos Projetos de Lei da Assistência Social, o BPC era alvo das críticas da equipe econômica do governo, que argumentava haver uma imprecisão conceitual entre a Previdência e a Assistência ao se instituir um Benefício sem contribuição direta, e que por se consistir no valor de um salário mínimo, poderia desmotivar a contribuição previdenciária e, dessa forma, incentivar a informalidade nas relações de trabalho. Essas conjecturas desqualificam a Assistência Social como política de proteção social e desconsideram a estrutura excludente e expropriatória da força de trabalho da classe trabalhadora brasileira, marcada pelo desemprego e pela informalidade.

Pressupõe-se então que, nesse entendimento, não há diferenças entre a proteção previdenciária e a assistencial, ainda que essas diferenças sejam muitas. A Previdência Social assegura outros benefícios, como auxílio-doença e acidentário, além da garantia do 13º e da concessão da pensão por morte aos dependentes. Conforme Jaccoud *et al.* (2017, p. 1), não parece lógico "o trabalhador recusar a proteção previdenciária para si e sua família ao longo de toda sua vida pela possibilidade de estar protegido somente na velhice pelo BPC, cujo acesso ainda dependerá de um nível de renda familiar em patamares de miserabilidade".

O BPC foi assegurado no valor de um salário mínimo para pessoas com deficiência e idosas, sem necessidade de contribuição direta ou filiação, inclusive ampliando o acesso a crianças e adolescentes. Para que essa extensão não fosse abrangente, no processo de regulamentação da LOAS foram impostos critérios com o propósito na redução do acesso, como a condição de incapacidade para o trabalho e para a vida independente, a idade de 70 anos e a renda *per capita* familiar no valor inferior a ¼ do salário mínimo[8] e, ainda, a revisão bienal.

---

8. No valor do salário mínimo de 2020, a renda para o acesso é inferior a R$ 261,25 *per capita* familiar.

Desde a regulamentação do Benefício, o número de alterações através de leis, decretos, portarias, memorandos, entre outros, foi extenso. Em relação ao critério de renda, por ser objetivo, a análise é baseada em todas as rendas dos componentes familiares, inclusive as doações recebidas em dinheiro, não considerando as particularidades das famílias das pessoas com deficiência e idosos, tampouco o acesso às políticas sociais, ao tratamento adequado de saúde, ao trabalho e à renda.

Muitos projetos de lei voltados à melhoria do acesso dos usuários ao BPC, especialmente aqueles que garantiam a modificação do critério de renda, não foram aprovados. Somente em 2020, em meio à pandemia da covid-19, que assolou todo o mundo, foi aprovada pelo Senado Federal a Lei n. 13.981, que regulamenta a modificação do critério de renda de ¼ para ½ salário mínimo, porém recebeu veto presidencial sob a alegação de que não existiam um estudo nem justificação orçamentária e, por isso, era inconstitucional. Até o momento segue em disputa para aprovação.

Em seguida foi aprovada a Lei n. 13.982, conhecida como a Lei do "Auxílio Emergencial", que garantiu que o critério de renda *per capita* poderia ser ampliado para até ½ salário mínimo, dependendo ainda de regulamentação para análise dessa renda.[9] Outra mudança é também em relação à renda: o BPC recebido por pessoa com deficiência ou idosa ou o benefício previdenciário no valor de até um salário mínimo concedido a idosos acima de 65 anos ou pessoa com deficiência da mesma família não serão computados para fins de concessão do Benefício. É importante ressaltar que essas modificações só têm validade durante as medidas para enfrentamento da emergência de saúde pública.

O conceito de família para acesso ao BPC passou por modificações, e a partir de julho de 2011, com a aprovação da Lei n. 12.435, família é composta do requerente, cônjuge ou companheiro, pais e, na ausência de um deles, madrasta ou padrasto, irmãos solteiros, filhos e enteados

9. Até a finalização deste capítulo, esses critérios não tinham sido regulamentados.

solteiros e menores tutelados, desde que vivam sob o mesmo teto. Em muitas famílias, a pessoa com deficiência ou a pessoa idosa vive com os filhos e/ou irmãos como forma de sobrevivência. Considerar irmãos e filhos solteiros e pais, no caso de maiores de idade, reduz consubstancialmente o acesso. Resulta em que um benefício pessoal e intransferível tem seu acesso reduzido pelo conceito de família e pelo valor adotado para fins de renda *per capita* familiar.

Durante anos, a pessoa com deficiência teve sua avaliação baseada no modelo médico pericial. Esse modelo de avaliação de pessoas com deficiência passou a ser amplamente debatido e denunciado pelos movimentos de pessoas com deficiência, por ser centrado na visão biomédica da incapacidade. Esse debate passou a nortear propostas para que houvesse alteração na forma de avaliar a pessoa com deficiência.

Após a Convenção dos Direitos da Pessoa com Deficiência da Organização das Nações Unidas (ONU) de 2006, foi aprovado o Decreto n. 6.214, em 2007, que regulamentou a avaliação da deficiência e do grau de incapacidade para acesso ao BPC, feita por assistente social e perito médico do INSS, com base na Classificação Internacional de Funcionalidade, Incapacidade e Saúde (CIF),[10] alterando o modelo que se pautava somente na visão biomédica da deficiência. As avaliações foram iniciadas em junho de 2009, porém foi mantido o conceito de incapacidade para o trabalho e para a vida independente no Decreto — artigo 4º, inciso II: "pessoa com deficiência: aquela cuja deficiência a incapacita para a vida independente e para o trabalho". Esse aspecto acarretou uma grande contradição ante o novo entendimento de deficiência baseado na CIF. Somente em agosto de 2011, esse conceito foi retirado pela Lei n. 12.470.

A idade para acesso ao BPC foi determinada em 70 anos, mas, ainda que tenha sido garantida na LOAS a redução para 67, a partir de 1998, e para 65, a partir de 2000, essas mudanças não se efetivaram.

---

10. Essa Classificação foi elaborada pela Organização Mundial da Saúde (OMS), publicada em 2001, com orientação para a realização de avaliação biopsicossocial como forma de avaliar e intervir nas questões relativas à deficiência e à saúde.

Em 1998, a Lei n. 9.720 garantiu a redução para 67 anos, mas somente com o Estatuto do Idoso, a partir de janeiro de 2004, a idade passou a ser de 65 anos para o acesso. No Estatuto ficou assegurado também que o Benefício concedido a uma pessoa idosa não será computado para fins de cálculo de renda familiar *per capita* para outra pessoa idosa.

Essa alteração foi um avanço, mesmo não garantindo a ampliação do acesso para grande parte dos idosos que vivem com apenas um salário mínimo, especialmente para as mulheres idosas que, ao longo de suas vidas, destinaram a maior parte do seu trabalho ao ambiente doméstico e/ou desenvolveram atividades informais, haja vista que a aposentadoria, ainda que no valor de um salário mínimo, integra o cálculo da renda *per capita* para outra pessoa idosa.

Como apontam os estudos de Stopa (2017), em 2003, o número de BPC mantidos para pessoas idosas era de 664.875; já em 2004, o número era de 933.164, havendo um aumento de 40,35% nas concessões após a aprovação do Estatuto do Idoso.[11] Esses números mostram o quanto o acesso à política previdenciária ainda não é presente na vida de milhões de brasileiros, dados os limitados avanços do preceito constitucional "da universalidade na cobertura" e o modelo centrado na dependência de contribuições diretas, que foi e será agudizado com a Emenda Constitucional (EC) n. 103/2019, aprovada no governo do atual presidente Jair Bolsonaro.

Essa EC regulamenta uma profunda contrarreforma da Previdência Social e traz modificações, especialmente, nos critérios de aposentadorias e das pensões. O BPC foi incorporado no debate da Proposta de Emenda Constitucional (PEC 06/2019), tanto na alteração do critério idade para o acesso como com a desvinculação do valor do Benefício do salário mínimo. Porém, essa proposta não passou após pressão dos movimentos sociais.

Após anos de incidência do direcionamento do Banco Mundial nas políticas sociais brasileiras e apesar de a Previdência Social ter superávit nas contas da Previdência Social, conforme indicou a Associação

11. Nos três anos anteriores, a média do aumento na concessão foi de 18,23%.

Nacional dos Auditores Fiscais (ANFIP), que divulgou esses dados em 2016 e 2017 em seus relatórios, as discussões em torno da contrarreforma da Previdência Social estiveram na pauta dos governos. Porém, em 2017, ainda há uma exclusão de 10,6 milhões de empregados sem carteira assinada, o que, em médio e longo prazo, significa que, em casos de doenças e envelhecimento, esses trabalhadores recorrerão ao BPC como forma de terem algum tipo de proteção social do Estado.

Além dos critérios para o acesso, foi prevista na LOAS a revisão bienal para avaliação da continuidade das condições que deram origem ao BPC. A previsão de uma revisão para a manutenção de um Benefício com critérios tão seletivos tem como objetivo o controle. É um tanto incompreensível acreditar que uma pessoa com deficiência e uma pessoa idosa, com renda familiar inferior a ¼ do salário mínimo, consigam em dois anos superar as condições que deram origem ao Benefício. No entanto, devido ao medo da fraude e de que pessoas acessem o Benefício sem estar nos critérios draconianos instituídos na legislação, faz-se que o controle seja necessário.

Com tantos critérios para o acesso, muitas também são as Ações Civis Públicas (ACP).[12] Uma das mais notáveis, justamente por ser de alcance nacional, é a ACP 5044874-22.2013.404.7100/RS. Essa ACP garante que as rendas de requerentes, que têm gastos com medicamentos, alimentação especial, fraldas descartáveis e consultas na área de saúde, requeridos e negados pelo Estado, sejam desconsideradas. Após essa análise, o requerente é atendido pelo assistente social do INSS para a emissão de um parecer social. Embora seja contraditório que para se ter acesso a um Benefício constitucional seja necessário ter outro negado, no caso a saúde, essa ACP trouxe um novo olhar para a análise de renda, para além de critérios meramente objetivos.

Mesmo com poucos avanços e critérios restritivos, segundo dados extraídos do Boletim Estatístico da Previdência Social, atualmente há

12. ACP é um tipo de ação jurídica prevista na legislação brasileira, com o objetivo de defender interesses da coletividade. As ACP sobre BPC estão listadas no link a seguir: https://www.inss.gov.br/wp-content/uploads/2019/09/Rela%C3%A7%C3%A3o-de-ACPs-de-BPC.pdf. Acesso em 5 ago. 2020.

mais de 4,8 milhões de beneficiários; desses, 2.097.697 são pessoas idosas e 2.587.423, pessoas com deficiência.[13] Pessoas que viviam com renda inferior a ¼ do salário mínimo ou mesmo sem renda passam a receber um salário mínimo mensal, revelando o quanto o BPC é essencial em um país tão desigual.

A operacionalização de um benefício da Assistência Social pelo INSS resulta em limites e contradições para além dos já determinados pela legislação, pois se trata de um Benefício sem filiação obrigatória, sendo operacionalizado em uma instituição na qual o acesso aos benefícios é assegurado a partir da filiação obrigatória e da contribuição direta. Por não ter como critério a contribuição direta, conforme Stopa (2017), o BPC é concebido como um estranho nesse espaço.

## Entre a Assistência Social e a Previdência Social

A materialização do BPC acontece em dois espaços distintos, sendo inegável que essa situação tenha implicações, como o fato de que a Política de Assistência Social não tenha se apropriado do BPC. Desde o início do processo de operacionalização — janeiro de 1996 —, houve escassa articulação entre o INSS e a Política de Assistência Social, e entre o BPC e os demais programas e serviços da Assistência Social.

A Assistência Social, recentemente garantida como política pública, não tinha estrutura para atender aos solicitantes do Benefício. E ainda, o BPC precisaria ser operacionalizado pelo governo federal, pois, além da dificuldade em controlar a concessão, há o fato de ser um Benefício reclamável judicialmente.

Conforme dados apresentados por Stopa (2017), no Brasil há 5.570 municípios e, em 2017, havia 1.553 Agências da Previdência

---

13. Disponível em: https://www.gov.br/previdencia/pt-br/acesso-a-informacao/dados-abertos/previdencia-social-regime-geral-inss/arquivos/beps052020_final.pdf. Acesso em 16 ago. 2020.

Social (APS) em 1.394 cidades.[14] É necessário considerar que, em 1996, o número de Agências era ainda menor. Mesmo não havendo Agências na maioria das cidades, ainda assim, fez-se necessário que a operacionalização do Benefício assistencial ficasse sob a responsabilidade do INSS, já que o Instituto dispõe de mecanismos operacionais e judiciais para a operacionalização de um benefício federal. O INSS dispõe também dos procuradores federais. Dado o não reconhecimento do direito constitucional, devido aos critérios de acesso e à revisão, os requerentes buscam a efetivação do direito por meio dos juizados especiais, havendo um grande volume de processos judiciais.[15]

O INSS vem adotando o autoatendimento, o agendamento e o protocolo pelos canais remotos: o site e o aplicativo para celular Meu INSS, bem como a central de atendimento 135.[16] Em 2018, teve início o INSS Digital, trazendo mudanças no protocolo e na análise dos benefícios. O intuito é diminuir ao máximo o atendimento ao público, descaracterizando a política pública, inclusive diminuindo o acesso à informação. Trata-se de uma política pública de difícil acesso e com muitas regras, sobre as quais os cidadãos têm pouco conhecimento. Diante da realidade brasileira de alto índice de analfabetismo e parco acesso às mídias digitais, a informatização dos serviços dificulta ainda mais o alcance aos benefícios, além de piorar as condições de trabalho no INSS, mascarando a precarização dos serviços e a redução de servidores.[17]

No INSS, o direito ao Benefício da Assistência Social não tem seu reconhecimento imediato devido ao arcabouço institucional

---

14. Dados retirados do sistema Intraprev da Previdência Social em 18 de abril de 2017.

15. A judicialização das políticas públicas vem tendo relevância cada vez maior, e isso significa que questões fundamentais passam a ser decididas, em última instância, pelo Poder Judiciário; o BPC é representativo dessa realidade (STOPA, 2017).

16. Essa Central é um serviço terceirizado que presta informações e faz agendamento e protocolos dos benefícios e serviços.

17. Conforme Recomendação 19/2019, entre março e abril de 2019, foram requeridos no INSS 6.468.036 serviços, e em 16 de abril do corrente ano, 2.137.652 aguardavam análise. Portanto, as novas tecnologias não garantem a análise dos benefícios em prazo razoável.

materializado nas normas e nos procedimentos impostos pela lógica do seguro social. A burocracia se estabelece em práticas materiais concretas que consolidam o poder, portanto a burocracia é funcional à manutenção das relações capitalistas fundadas na exploração da força de trabalho e na extração da mais-valia. Mesmo com as dificuldades no cotidiano de trabalho,[18] é necessária uma reflexão sobre a reprodução de valores e ideais burgueses pautados no imediatismo, culpabilizando e punindo as pessoas que buscam o Benefício da Assistência Social.

O BPC tem um simbolismo na Instituição que não concebe os usuários como sujeitos de direito, e essa negação acarreta empecilhos e controle no processo de operacionalização. Por pertencer à Assistência Social e não ter vínculo direto com o trabalho e, principalmente, por ser declaratório,[19] há na cultura institucional a concepção de que as pessoas com deficiência e idosos que requerem o Benefício possam fraudar o tão seguro sistema da Previdência Social (STOPA, 2017). Ressalta-se o fato de que muitos servidores não se referem ao BPC como Benefício, mas como "a LOAS" ou "amparo social", rotulando o BPC como ajuda e não como direito constitucional.

Em razão das inúmeras dificuldades dos usuários para acessar as informações e o Benefício, os intermediários ocupam esse espaço e cobram[20] para auxiliar os requerentes; esse é mais um entrave para o acesso ao direito constitucional. Conforme Stopa (2017), essas ações

---

18. "O cotidiano de trabalho nas APS é complexo devido à estrutura institucional, à diversidade de serviços e benefícios e à burocracia, a qual exige conhecimento das regras previdenciárias e do Benefício assistencial. A essência do trabalho exige esforço intelectual e lida com a informação, a administração, com o planejamento e o controle dos serviços e benefícios. Com a intensificação do trabalho, a atividade extremamente rotineira, burocrática e de atendimento ao público pode levar ao adoecimento" (STOPA, 2017, p. 182).

19. Os dados do requerimento do BPC são declarados pelo beneficiário ou pelo representante legal; com isso há na Instituição o medo da fraude. Conforme constatado em pesquisa realizada por Stopa (2017), há uma preocupação exacerbada que resulta no pedido de documentos e exigências, por vezes desnecessários e não previstos nas normativas, no processo de habilitação do Benefício, tornando o acesso ainda mais focalizado e seletivo.

20. Os valores são de três a seis salários mínimos, são altos frente à realidade dos beneficiários que sobrevivem com baixa ou nenhuma renda.

vão além do auxílio ao requerente para que ele acesse o Benefício, havendo uma busca pelas pessoas com deficiência e idosos, mesmo que a renda seja superior, pois, com o indeferimento do BPC, esses intermediários providenciam a solicitação via judicial.

Pela dicotomia presente na consecução do BPC, por anos não houve um acompanhamento dos beneficiários nem das pessoas que não têm acesso ao Benefício, até mesmo pela falta de informações, pois nem sempre a pessoa é atendida na Assistência Social para requerer o BPC, uma vez que pode ir direto à APS, e tampouco busca atendimento depois de concedido ou indeferido.

Em 2009, a Portaria 44 do Ministério do Desenvolvimento Social (MDS) garantiu em seu texto a participação da gestão municipal no processo de habilitação do BPC e, em específico, que os municípios devem buscar a articulação com o INSS. Embora seja significativa essa Portaria, por si só não garantiu a articulação com o INSS e o acompanhamento dos requerentes, beneficiários e das pessoas que requerem o BPC e não têm acesso por motivo de indeferimento. O encaminhamento e o acesso não podem ser fatos isolados; as necessidades das pessoas com deficiência e idosos extrapolam a dimensão da segurança de renda.

A Portaria do MDS 706, de 2010, dispôs sobre o cadastramento dos beneficiários do BPC e suas famílias no Cadastro Único e, em seguida, foi aprovado o Decreto n. 7.617, em 2011, que assegurou o cadastramento, a fim de subsidiar a revisão bienal do BPC. Seguindo as orientações do Banco Mundial, a inserção do BPC no Cadastro Único tem como objetivo o controle, a revisão e a redução dos Benefícios mantidos através da constante fiscalização. Entretanto, essa obrigatoriedade leva as pessoas para o atendimento na Assistência Social, possibilitando, assim, o atendimento e o acompanhamento pela equipe dos Centros de Referência de Assistência Social (CRAS).[21]

21. De acordo com a PNAS/2004, a Assistência Social tem três funções: a proteção social básica e especial, a vigilância social e a defesa dos direitos socioassistenciais. O BPC compõe a

Segundo o Censo SUAS[22] (2018), 31,63% dos CRAS ainda não realizam o cadastramento, portanto, em muitos municípios, o Cadastro Único não está junto à área técnica da Assistência Social, deixando de ter acesso a essa demanda no momento da realização e da atualização do Cadastro.[23]

A partir do Decreto n. 8.805 de 2016, estabeleceu-se como requisito para concessão, manutenção e revisão do BPC que requerentes e beneficiários sejam, obrigatoriamente, inscritos no Cadastro Único e que as informações para o cálculo da renda familiar mensal *per capita* sejam declaradas no momento da inscrição no referido Cadastro.[24] Em setembro de 2018 foi editada a Portaria Conjunta 3, garantindo que as informações do grupo familiar constantes no Cadastro Único sejam utilizadas para registro da composição familiar e da renda e que a revisão bienal prevista pela LOAS seja feita mensalmente por cruzamento de informações dos sistemas governamentais, desrespeitando o garantido na Lei, que a revisão seja bienal.

De acordo com a Resolução MDS 33 de 2012, é de responsabilidade dos municípios a realização da gestão local do BPC, bem como a garantia aos beneficiários e a suas famílias do acesso a serviços, projetos e programas da rede socioassistencial. Todavia, é essencial que os CRAS e os Centros de Referência Especializados de Assistência Social (CREAS) tenham equipes técnicas e condições de trabalho para a realização dessas ações. Ocorre que, com a implementação

---

proteção social básica, dada a natureza de sua realização. Disponível em: https://www.mds.gov.br/webarquivos/publicacao/ assistencia_social/Normativas/PNAS2004.pdf. Acesso em 15 fev. 2020.

22. Disponível em: https://aplicacoes.mds.gov.br/sagirmps/portal-censo/. Acesso em 20 jan. 2019.

23. Os dados do Censo SUAS são declarados pelo gestor municipal, assim, embora sejam importantes dados sobre a realidade do Sistema, podem não permitir a apreensão do real movimento da Política.

24. Esse Decreto ainda estabeleceu que a avaliação da deficiência e do grau de incapacidade será realizada somente para as pessoas com renda familiar inferior a ¼ do salário mínimo, retirando o direito à avaliação assegurada na LOAS e na Lei Brasileira de Inclusão, nº 13.146 de 2015, a todos os requerentes do BPC.

do SUAS e a expansão dos equipamentos socioassistenciais — que se constituem em um marco histórico para a Política de Assistência Social —, o volume de serviços aumentou consideravelmente. Porém, a concretização dos espaços e das equipes técnicas não acompanhou o mesmo ritmo, funcionando com infraestrutura inadequada e com o quadro de pessoal insuficiente para atender às demandas.

Segundo dados do Censo SUAS (2018), dos 8.292 CRAS, 3.059 funcionam em prédios alugados, 865 utilizam espaço compartilhado, 320 não têm internet e 954 têm apenas um computador conectado à internet. Esses dados revelam que a Assistência Social, que, em sua trajetória, foi marcada por ações pontuais, assistencialistas e com estruturas improvisadas, enfrenta grandes problemas para a implantação e a manutenção do SUAS. Com espaços precários e improvisados, são muitas as dificuldades no desenvolvimento do trabalho.

Os trabalhadores são, inclusive, frequentemente culpabilizados por essas situações; para fazer esse enfrentamento, é preciso uma equipe consolidada e com aparato técnico, teórico e metodológico. Conforme o Censo SUAS (2018), do total de 95.967 trabalhadores dos CRAS, 38,87% são efetivos, sendo 61,13% temporários, comissionados, terceirizados e voluntários, desvelando que, apesar da ampliação da Assistência Social desde o SUAS, as equipes, que são mínimas, ainda enfrentam problemas referentes à forma de contratação e à continuidade da condução do trabalho, com a possibilidade de quebra do vínculo do profissional com os usuários e com as equipes.

Por anos, a apartação da política gestora em relação à operacionalização e ao acompanhamento dos beneficiários resultou em impactos que prejudicaram o fluxo, a visibilidade e a dinâmica do Benefício na sociedade. Apesar da implementação do SUAS em todo o território nacional e da criação de um aparato legal e institucional, não se pode afirmar que a Política de Assistência Social tenha condições administrativas para operacionalizar o BPC. Essa Política vem gerindo e operacionalizando programas de transferência de renda, como o Bolsa Família, mas ainda há escassez de equipes técnicas e de equipamentos adequados para a oferta e a manutenção dos serviços.

## Considerações finais

Com a disponibilização desde 2017 do acesso ao Cadastro Único para os servidores do INSS que, até então, era utilizado somente para fins de análise do contribuinte de baixa renda (alíquota de 5%), as informações referentes à composição familiar, à renda e ao local de residência devem ser verificadas através desse Cadastro, para além da declaração do próprio requerente e da verificação nos sistemas previdenciários. Portanto, deve ser garantida a articulação entre Previdência e Assistência Social para o atendimento de requerentes e beneficiários.

Apesar de o SUAS ter avançado nos últimos anos, seu orçamento tem a maior parte destinada para programas sociais de transferência de renda, e não para a organização do sistema em sua estrutura e para o investimento em seus trabalhadores, distanciando ainda mais a possibilidade dos CRAS, ou qualquer outro equipamento dessa política, em assumir a operacionalização do BPC, que exige equipamentos digitais, programas de computador e acesso à internet.

A escassa apropriação do BPC pela Política de Assistência Social e a dificuldade de reconhecimento do BPC como direito constitucional pelo órgão concessor rebatem no acesso ao BPC e, consequentemente, na vida dos usuários. E ainda é necessário que os critérios de acesso sejam menos restritivos e garantam o direito das pessoas com deficiência e idosas.

A fragmentação do BPC e a falta de articulação entre as políticas têm impactos na gestão e na operacionalização do Benefício. Destacam-se entre esses impactos a falta de informações para os usuários, a não efetivação do acompanhamento, a intervenção de intermediários e a judicialização. Todos esses empecilhos resultam no acesso limitado e descolado do que foi garantido na Constituição Federal de 1988.

# Referências

BANCO MUNDIAL. O combate à pobreza no Brasil: relatório sobre a pobreza, com ênfase nas políticas voltadas para a redução da pobreza urbana. Brasília: [s. n.], 2001. v. I.

BANCO MUNDIAL. Um Brasil mais justo, sustentável e competitivo: estratégias de assistência ao país 2004-2007. Tradução de partes do documento oficial em inglês da Estratégia de Assistência ao País. Brasília: Departamento do Brasil; Região da América Latina e Caribe; Corporação Financeira Internacional, 2003.

BANCO MUNDIAL. Social protection for the harder road ahead: containing the social costs of lower growth in Latin America and the Caribbean. Washington, D.C.: [s. n.], 2015.

BRASIL. Congresso Nacional. Constituição da República Federativa do Brasil. Brasília, 1988. Disponível em: http://www.planalto.gov.br/ccivil_03/constituicao/constituicaocompilado.htm. Acesso em: 15 maio 2017.

BRASIL. Decreto n. 6.214, de 26 de setembro de 2007. Regulamenta o benefício de prestação continuada da assistência social devido à pessoa com deficiência e ao idoso de que trata a Lei n. 8.742, de 7 de dezembro de 1993, e a Lei n. 10.741, de 1º de outubro de 2003, acresce parágrafo ao artigo 162 do Decreto n. 3.048, de 6 de maio de 1999, e dá outras providências. Brasília, 2007. Disponível em: http://www.planalto.gov.br/ccivil_03/_ato2007-2010/2007/decreto/d6214.htm. Acesso em: 15 maio 2017.

BRASIL. Lei n. 12.435, de 6 de julho de 2011. Altera a Lei n. 8.742, de 7 de dezembro de 1993, que dispõe sobre a organização da Assistência Social. Brasília, 2011a. Disponível em: http://www.planalto.gov.br/ccivil_03/_ato2011-2014/2011/lei/l12435.htm. Acesso em: 15 maio 2017.

BRASIL. Lei n. 12.470, de 31 de agosto de 2011. Altera os arts. 21 e 24 da Lei n. 8.212, de 24 de julho de 1991, que dispõe sobre o Plano de Custeio da Previdência Social, para estabelecer alíquota diferenciada de contribuição para o microempreendedor individual e do segurado facultativo sem renda própria que se dedique exclusivamente ao trabalho doméstico no âmbito de sua residência, desde que pertencente a família de baixa renda; altera os arts. 16, 72 e 77 da Lei n. 8.213, de 24 de julho de 1991, que dispõe sobre o Plano de Benefícios da Previdência Social, para incluir o filho ou o irmão que tenha deficiência intelectual ou mental como dependente e determinar o pagamento do salário-maternidade devido à empregada do microempreendedor individual diretamente pela Previdência Social; altera os arts. 20 e 21 e acrescenta o art. 21-A à Lei n. 8.742, de 7 de dezembro de 1993 — Lei Orgânica de Assistência Social, para alterar regras do benefício de prestação continuada da pessoa com deficiência; e acrescenta os §§ 4º e 5º ao art. 968 da Lei n. 10.406, de 10 de janeiro de 2002 — Código Civil, para estabelecer trâmite especial e simplificado para o processo de abertura, registro, alteração e baixa do microempreendedor individual. Brasília, 2011b. Disponível em: http://www.planalto.gov.br/ccivil_03/_ato2011-2014/2011/lei/l12470.htm. Acesso em: 15 maio 2017.

BRASIL. Ministério do Desenvolvimento Social (MDS). Nota Técnica 03 DBA/SNAS/MDS. Nota técnica sobre as concessões judiciais do BPC e sobre o processo de judicialização do benefício. Brasília, 21 mar. 2016.

BRASIL. Ministério Público Federal. Recomendação n. 19/2019. PR-DF-00030813/2019. Brasília, 2019. Disponível em: http://pfdc.pgr.mpf.mp.br/atuacao-e-conteudos-de-apoio/recomendacoes/recomendacao-no-19-2019-pfdc-mpf. Acesso em: 16 ago. 2020.

CORREIA, M. V. C. O Conselho Nacional de Saúde e os rumos da política de saúde brasileira: mecanismo de controle social frente às condicionalidades dos organismos financeiros internacionais. 2005. Tese (Doutorado em Serviço Social) — Universidade Federal de Pernambuco, Recife, 2005.

JACCOUD, L. de B. et al. O BPC: dos avanços na seguridade aos riscos da reforma da previdência. Revista Ciência e Saúde Coletiva, Rio de Janeiro, v. 22, n. 11, nov. 2017. Disponível em: http://www.scielo.br/scielo.php?script=sci_arttext&pid=S1413-81232017021103499&lng=pt&nrm=iso&tlng=pt. Acesso em: 15 jan. 2019.

RELATÓRIO n. 20.475 — BR. O combate à pobreza no Brasil. Relatório sobre pobreza, com ênfase nas políticas voltadas para a redução da pobreza urbana. Brasília, 2001. v. I: Resumo do Relatório.

SOUZA, L. M. O trabalho do assistente social no Instituto Nacional do Seguro Social/INSS-PA: da concretização dos direitos previdenciários à operacionalização do Benefício de Prestação Continuada (BPC). 2017. Dissertação (Mestrado em Serviço Social) — Universidade Federal do Pará, Belém, 2017.

STOPA, R. O direito constitucional ao Benefício de Prestação Continuada da Assistência Social (BPC): o penoso caminho para o acesso. 2017. Tese (Doutorado em Serviço Social) — Pontifícia Universidade Católica, São Paulo, 2017.

CAPÍTULO 7

# Serviço Social no INSS:
## trajetória de lutas e desafios

*Ailton Marques de Vasconcelos*
*Andresa Lopes dos Santos*
*Raquel Ferreira Crespo de Alvarenga*

## Como tudo começou

O Serviço Social na Previdência Social completa 74 anos no ano de 2019, é um patrimônio e conquista da classe trabalhadora brasileira e o signo da sua permanência na política de Previdência Social é a RESISTÊNCIA.

Inserida na década de 1940,[1] nesses 74 anos de existência, vem demonstrando, através de seus profissionais, luta, garra e resistência para se manter na estrutura institucional. Essa resistência começa desde a extinção dos antigos Centros de Serviço Social, passando

1. Portaria nº 52, do Conselho Nacional do Trabalho, de 6 de outubro de 1944.

pela criação do Sistema Nacional de Previdência e Assistência Social (SINPAS), alcançando o ápice no final da década de 1990, com a proposta de extinção do SINPAS. Essa parte da história encontra-se bastante documentada e registrada,[2] não sendo pretensão do presente capítulo debruçar-se nesse período, mas sim o atualizar, pois o processo de desmonte e de retirada desse serviço da estrutura organizacional da autarquia/Instituto Nacional do Seguro Social (INSS) continua presente e atual.

Contextualizar o Serviço Social na política previdenciária nos remete não só à história do próprio Serviço Social brasileiro, mas também e necessariamente à política econômica, de viés capitalista, com todas as suas crises e embates.

Como temos constatado, as crises cíclicas do capital trazem regressões nos avanços das políticas públicas sociais, e os programas, projetos e serviços do sistema de proteção social são os primeiros a sofrerem desmonte e extinção. Desde a sua inserção na política previdenciária, o Serviço Social vem passando por propostas de extinção ou redução das atividades desenvolvidas, instrumentais e recursos financeiros.

Nesses termos, queremos atualizar o leitor de que a defesa da permanência do Serviço Social, como serviço previdenciário, não é recente, e o presente capítulo vai se debruçar no período compreendido entre o final do século XX e o início do século XXI, cuja principal bandeira de luta da categoria e das entidades representativas era a realização do concurso público, pois, segundo Paula[3] (*apud* BRAGA; CABRAL, 2007, p. 194), "num levantamento realizado em julho de 2004, possuíamos apenas 590 assistentes sociais distribuídos nas diversas áreas do Instituto. [...] O déficit hoje é de aproximadamente 3.500 profissionais". Ou seja, a realização do concurso público era imprescindível para a continuidade e a existência do Serviço Social no INSS. O concurso público foi autorizado, já seguindo as regras oriundas da Reforma

2. Ver Braga e Cabral (2007); Silva (1999).

3. Chefe da Divisão de Serviço Social do INSS (2003 a 2009).

do Estado proposta pelo Ministério da Administração Federal e da Reforma do Estado (MARE), no governo Fernando Henrique Cardoso, com as nomenclaturas de analistas do seguro social, que, no caso do Serviço Social, depois de muita negociação, tensão e ameaças de não realização do referido concurso, saíram com a especificidade: analistas do seguro social com formação em Serviço Social.[4] A chegada dos assistentes sociais ao INSS foi considerada uma vitória para o Serviço Social Previdenciário e para o conjunto da categoria em termos de defesa de espaço sócio-ocupacional, com o preenchimento dos cargos nas Gerências Executivas e Agências da Previdência Social (APS). Com a nomeação dos/as concursados/as começam por parte dos gestores locais, com o apoio de gestores nacionais, a pressão e a cobrança para os profissionais de Serviço Social executarem atividades de habilitação administrativa de benefícios e outras atividades, causando situações de assédio moral, assim como desvio de função, desconsiderando as competências e as atribuições previstas no artigo 88 da Lei n. 8.213/91 e na matriz teórico-metodológica do Serviço Social Previdenciário. Os profissionais de Serviço Social não contaram com infraestrutura em diversos locais de trabalho, sala com garantia de sigilo para os atendimentos, além da ingerência de chefias nas atividades profissionais. A não concordância, por parte da Chefia da Divisão de Serviço Social (DSS) diante dessa realidade que se desenhava para o Serviço Social, resultou na exoneração dela.

A profissional que assumiu a gestão da DSS, posterior à exoneração, foi nomeada pela direção do INSS, gerenciando um trabalho tecnicista, sem diálogo e reconhecimento da base, marcado por uma retração na defesa histórica do Serviço Social previdenciário. Não contando com o apoio da Divisão de Serviço Social, as entidades representativas foram acionadas pelos profissionais em diversos estados, sendo realizadas reuniões com algumas chefias, envolvendo os sindicatos e/ou visitas dos agentes fiscais, bem como da Direção

4. Edital 01/2008 abrindo vagas para 900 assistentes sociais no cargo de analista do seguro social, com formação em Serviço Social.

dos CRESS (Conselhos Regionais de Serviço Social), gerando notificações, entre outras ações, para a garantia de condições de trabalho, o sigilo profissional nos atendimentos à população, o entendimento sobre as implicações éticas profissionais na habilitação de benefícios, entre outros.

Em fevereiro de 2010, o CFESS (Conselho Federal de Serviço Social) oficializa o Ministério da Previdência Social com as pautas debatidas em reunião, elencando ponto a ponto e descrevendo as prerrogativas do exercício profissional, as funções do analista do seguro social com formação em Serviço Social, previstas no Edital 01/2008, a incompatibilidade de atividades e o desvio de função para a habilitação de benefícios, as fragilidades das condições técnicas e éticas de trabalho, a delonga na publicação das atribuições e competências do assistente social através de ato normativo, aguardando desde outubro de 2009, e a necessidade de ampliação no quadro de assistentes sociais, com convocação de mais 450 vagas.

Em 2012 é publicado o *Manual técnico do Serviço Social*,[5] que estabelece as atividades do Serviço Social do INSS, manual esse que ratifica os aspectos conceituais, as ações profissionais e os instrumentos técnicos já postos na Matriz Teórico-Metodológica do Serviço Social, acrescenta a avaliação social da pessoa com deficiência para o requerente do BPC da Assistência Social e, no capítulo III, normatiza as atribuições do assistente social e do analista do seguro social com formação em Serviço Social, nas esferas de coordenação, denominado de Responsável Técnico, e na execução nas Agências da Previdência Social.

A resistência sempre presente também acontece na realização de seminários, em parceria com o Conselho Federal de Serviço Social (CFESS). Destacamos o ocorrido na cidade de Porto Alegre (RS), em junho de 2010, que contou com a parceria do CRESS/RS. A cobertura da atividade pelo CFESS aponta que participaram do seminário mais

---

5. Resolução nº 203/PRES/INSS, de 29 de maio de 2012.

de 450 pessoas, cerca de 4.300 assistiram ao debate *on-line* e foram aprovadas moções como o apoio ao Projeto de Lei n. 152/2008, que tratava da jornada de trabalho de 30 horas para o assistente social, e a publicação da minuta de decreto com as atribuições do assistente social com cargo de analista do seguro social com formação em Serviço Social. Outro seminário importante aconteceu na cidade de Brasília (DF), em novembro de 2014, por ocasião dos 70 anos do Serviço Social na Previdência, com o objetivo de refletir sobre a trajetória de desafios e conquistas nessas sete décadas. O evento foi realizado pelo CFESS, em conjunto com a Federação Nacional dos Sindicatos dos Trabalhadores em Saúde, Trabalho, Previdência e Assistência Social (FENASPS).[6]

Registramos ainda que em 2013 houve mudança da Chefia, o que não significou alterações no curso de projeto para o Serviço Social Previdenciário e, no ano de 2015, foi realizada consulta aos profissionais em relação à ocupação da representação técnica para a DSS. A categoria inicialmente se organizou para a realização de processo democrático, porém a escolha para o cargo foi limitada à seleção de currículos direcionados à DSS e avaliados pelas representações técnicas.

No âmbito institucional, é de suma importância registrar a realização do evento que ficou conhecido como "A Oficina de Planejamento". O evento aconteceu em maio de 2014, em Itamaracá, no estado de Pernambuco. Foi um importante espaço para o posicionamento dos assistentes sociais na reversão dos caminhos que o Serviço Social vinha tomando. Seu produto colocou como diretrizes gerais: a) reconhecer a saúde do trabalhador para além da saúde ocupacional; b) o trabalho articulado com outras áreas da instituição e organizações governamentais e da sociedade civil; c) a defesa do Serviço Social como direito do trabalhador, conforme artigo 88 da Lei n. 8.213 e a Matriz Teórico-Metodológica; d) a construção democrática do planejamento, monitoramento e avaliação das ações do Serviço Social, respeitando

---

6. Disponível em: http://www.cfess.org.br/visualizar/noticia/cod/1134. Acesso em: 5 abr. 2019.

as particularidades e as iniciativas regionais; e) o fortalecimento da participação dos trabalhadores na política de Seguridade Social/ Previdência Social; f) contribuir para a redução da desigualdade de gênero na política de Seguridade Social/Previdência Social; g) a defesa da Previdência Social pública, universal, redistributiva e de qualidade, com gestão democrática e participativa; h) a participação plena e efetiva da pessoa com deficiência em igualdade de condições com as demais pessoas, de acordo com o preâmbulo da Convenção sobre os Direitos da Pessoa com Deficiência; i) a defesa do BPC como um direito de Seguridade Social, renda básica de cidadania no valor de um salário mínimo; j) a defesa das condições de liberdade, autonomia e dignidade da pessoa idosa.

Os desdobramentos, para o Serviço Social, oriundos dessa oficina são inúmeros, o que, em nossa opinião, mereceria por si só um capítulo.

Mas destacamos diversas implicações institucionais, como: a) a não autorização da publicação do produto da oficina; b) a exoneração da Representante Técnica do Serviço Social da Região Nordeste IV, uma das organizadoras do evento; e c) a ruptura de uma possível unicidade em defesa do Serviço Social na Previdência que existia dentro da categoria. A pauta da defesa continuava, mas as ações e as alianças se modificaram.

## Os ataques continuam — Serviço Social do INSS pós-2015

O ano de 2015 foi marcado no âmbito do INSS, como autarquia responsável pela concretização da política previdenciária, por uma greve nacional que atingiu todos/as os/as trabalhadores/as da autarquia. Foi um movimento grevista expressivo, primeiro pela questão da temporalidade, considerando o longo período que a categoria não realizava uma paralisação; e segundo, do ponto de vista da participação dos Assistentes Sociais que, em alguns lugares, foram protagonistas, compondo os Comandos Estaduais e Nacional de Greve. O período da greve foi um momento marcante, no qual os profissionais em luta, em conjunto com os/as demais trabalhadores/as do INSS, trocavam informações e questionamentos. Esse processo aprofundou-se no pós-greve, do qual suscitaram algumas questões específicas acerca das atribuições dos profissionais, bem como a defesa do Serviço Social como serviço previdenciário, conforme Lei n. 8.213, de 1991, em seu artigo 88.

No final desse mesmo ano, o Ministério do Planejamento publica o Edital 01/2015 do concurso público do INSS, com as vagas para Assistentes Sociais no cargo de analistas de seguro social. Diferentemente do que foi publicado no edital de 2008, o atual edital estabelecia atividades comuns ao cargo de analista e de técnico do seguro social, ou seja, não garantia as atividades privativas dos profissionais, bem como normatizava atividades, o que, no nosso entendimento, se caracterizava como desvio de função.

A retificação do edital aconteceu depois de uma ampla organização da categoria, com apoio das entidades sindicais e do CFESS, que produziram um abaixo-assinado. O CFESS, através de sua assessoria jurídica, elaborou um documento mostrando os erros jurídicos, profissionais e éticos contidos no referido edital, sendo peça fundamental na retificação dele.

O novo ano (2016) chegou com as questões de sempre no que diz respeito às pressões aos profissionais de Serviço Social. A bola da vez foi a reposição dos dias parados durante a última greve. Para as/os Assistentes Sociais, não estavam disponíveis para reposição outras ações inerentes às suas atribuições, como a socialização de informações etc. A outra questão logo no início do ano foi a publicação do Decreto nº 8.653, de 28 de janeiro de 2016, que, em seu artigo 4º, abriu brechas para possibilidades de desvio de função.

São esses os elementos que desencadearam o processo de reorganização e retomada de mobilização de Assistentes Sociais e a organização de reuniões nas Plenárias da FENASPS, as quais ocorreram intensamente no segundo semestre de 2015 e no primeiro semestre de 2016, surgindo a proposta da realização de um Encontro Nacional, a fim de discutir, analisar, refletir e encaminhar coletivamente as lutas específicas, sem perder de vista as lutas gerais da classe trabalhadora no Brasil. Tal proposição foi construída na plenária da FENASPS de 10 de abril de 2016.[7]

Para organizar e materializar o Encontro Nacional, foi constituída uma comissão nacional, contando com os participantes das plenárias, bem como foram realizados encontros estaduais preparatórios.

O Encontro Nacional em Defesa da Previdência Social e do Serviço Social do INSS ocorreu na cidade de Brasília (DF), nos dias 9 e 10 de julho de 2016, e contou com a participação de Assistentes Sociais de 17 estados e do Distrito Federal,[8] totalizando 113 profissionais. No evento, foi realizada uma seção de desagravo público conduzida pelo CFESS, pelas manifestações desrespeitosas promovidas pelo blog Perito.med, com acusações e ofensas a trabalhadores/as do INSS, assistentes sociais e gestores/as do instituto.[9] Por fim, o encontro aprovou propostas referentes às questões relacionadas à conjuntura, à organização política e sindical, a processos de trabalho e atribuições profissionais e culminou em um documento que refletiu os posicionamentos do Serviço Social do INSS, bem com as suas bandeiras de lutas e encaminhamentos.[10]

O encontro foi exitoso, demonstrando a grande capacidade organizativa e de articulação das/os Assistentes Sociais do INSS e ainda

---

7. Disponível em: http://www.fenasps.org.br/images/stories/pdf/plena.rela_10.04.16.pdf. Acesso em: 5 abr. 2019.

8. Alagoas, Bahia, Ceará, Espírito Santo, Goiás, Minas Gerais, Mato Grosso, Pará, Paraíba, Pernambuco, Paraná, Rio de Janeiro, Rio Grande do Norte, Rio Grande do Sul, Santa Catarina, Sergipe e São Paulo.

9. Disponível em: http://www.cfess.org.br/js/library/pdfjs/web/viewer.html?pdf=/arquivos/Nota-desagravocfess-2016.pdf. Acesso em: 5 abr. 2019.

10. Disponível em: http://www.fenasps.org.br/images/stories/pdf/rela.final.enc.def.seso.inss_9e10.07.16.pdf. Acesso em: 5 abr. 2019.

fortalecendo o sindicalismo por ramo, expressando a construção das lutas gerais em conjunto com os/as demais trabalhadores/as, mas sem deixar de tratar das questões específicas, que é a posição majoritária do conjunto organizativo da categoria.

Ao final dos trabalhos do Encontro Nacional, surgiu a necessidade de dar continuidade ao processo de mobilização, articulação e execução das tarefas do Encontro Nacional. Nesse sentido, reorganizou-se a comissão que trabalhou nas demandas do Encontro Nacional, recompondo-se como Comissão Nacional de Assistentes Sociais da FENASPS.

A comissão não é uma entidade nem faz parte da estrutura organizativa da FENASPS. Ela expressa um processo de mobilização, articulação e facilitação das demandas específicas do Serviço Social no interior da FENASPS, ou seja, é uma forma de estabelecer o diálogo com a federação, o CFESS e demais entidades.

## O golpe institucional de 2016 e o cenário do Serviço Social do INSS

O Serviço Social, a partir de 2016, no contexto do golpe institucional, passou a sofrer ações mais intensificadas de desmonte, como esvaziamento de suas ações e competências profissionais, no contexto de diversos ataques aos direitos sociais dos/as trabalhadores/as com um governo golpista, ilegítimo, conservador e regressivo de retirada de direitos, como a proposta da Reforma da Previdência e Trabalhista. Neste cenário, entidades oportunistas aproximaram-se do governo para apresentar sua pauta de reinvindicações, pautas essas de viés conservador, corporativista e de retirada de direitos, no caso específico a Associação Nacional dos Médicos Peritos da Previdência Social (ANMP).

Entidade essa que "mandava e desmandava" na Direção Central do INSS, configurando-se, assim, em severa ingerência de entidade privada em órgão público, violando, portanto, o princípio constitucional da impessoalidade. Diretores da entidade tinham acesso irrestrito aos gabinetes das diretorias do INSS. O caso mais gritante foi a Diretoria de Saúde do Trabalhador (DIRSAT), que, na verdade, tornou-se extensão do gabinete dessa entidade. É de conhecimento público que o projeto dessa entidade é distinguir os seus filiados, no caso os profissionais ocupantes do cargo de perito médico, dos demais servidores do órgão, tendo como objetivo final o propósito de constituírem uma carreira de estado. A entidade defende categoricamente o ato médico, não concordando com as avaliações conjuntas normatizadas para o acesso ao Benefício de Prestação Continuada para pessoa com deficiência[11] e para aposentadoria por tempo de contribuição para pessoa com deficiência.[12]

Desde a chegada da entidade ao poder, observam-se diversas ações de esvaziamento do Serviço Social, como: a) as exonerações, consecutivas e em intervalos curtos de tempo de chefias da Divisão do Serviço Social, a exemplo: Jorge Og Vasconcelos Junior (exonerado em maio de 2016), Samantha Oliveti de Goes (exonerada em outubro de 2016), Pedrina Viana Gomes (exonerada do cargo de substituta em outubro de 2016), Silvana Aparecida Bernardino de Oliveira (exonerada em março de 2017) e Maria Lúcia de Oliveira Firmino (exoneração a pedido em agosto de 2017); b) exoneração em massa dos cargos de Representantes Técnicas do Serviço Social (RETs) e a Reabilitação Profissional (Portaria nº 22/DIRSAT/INSS, de 29 de setembro de 2016; c) isolamento do Serviço Social nos processos decisórios no interior do INSS, dificultando sua participação, inclusive em atividades que

---

11. Lei n. 8.742, de 7 de dezembro de 1993. Artigo 20, § 6º A concessão do benefício ficará sujeita à avaliação da deficiência e do grau de impedimento de que trata o § 2º, composta por avaliação médica e avaliação social realizadas por médicos peritos e por assistentes sociais do Instituto Nacional de Seguro Social — INSS (Redação dada pela Lei n. 12.470, de 2011).

12. Lei Complementar nº 142, de 8 de maio de 2013 e Portaria Interministerial AGU/MPS/MF/SEDH/MP nº 1, de 27 de janeiro de 2014. Artigo1º, § 2º A avaliação médica e funcional, disposta no *caput*, será realizada pela perícia própria do INSS, a qual engloba a pericia médica e o serviço social, integrantes do seu quadro de servidores públicos.

exigem posicionamentos e decisões específicas da área técnica do Serviço Social.

Os demais atos normativos que concretizam o desmonte do Serviço Social no âmbito institucional são: 1. Portaria Conjunta nº 2 DIRSAT/DGP/INSS, de 6 de abril de 2017. Essa portaria determina que a lotação e exercício de Assistentes Sociais e Analistas do Seguro Social com Formação em Serviço Social [...] se restrinjam nas APS de suas respectivas Gerências de origem. Assim estabelece a proibição de Assistentes Sociais desempenharem atividades na área meio do INSS, que tem como consequência imediata o fim da "figura" do coordenador/a técnico, ou na nomenclatura atual as/os RETs; 2. O outro ato normativo é a Portaria nº 09 DIRSAT/INSS, de 23 de fevereiro de 2017. A mesma autoriza a nomeação, no âmbito das Superintendências Regionais, de representantes técnicos da Diretoria de Saúde do Trabalhador para o desenvolvimento de atividades afetas à área de Perícia Médica, Reabilitação Profissional e Serviço Social. Os representantes nomeados foram todos médicos do setor da perícia médica do INSS. Essa decisão fere a lei que regulamenta a profissão, visto que a coordenação e supervisão na área de Serviço Social constituem-se como uma atividade privativa dos/as Assistentes Sociais 3. Memorando-Circular nº 25 DGP/INSS de 1º de setembro de 2017. Dispõe sobre a impossibilidade de acumulação de cargos como profissional de saúde dos Analistas de Seguro Social com formação em Serviço Social, normativa essa contrariando a Resolução nº 287, de 8 de outubro de 1998, do Conselho Nacional de Saúde; 4. Memorando-Circular nº 13 DIRSAT/INSS, 26 de outubro de 2017. Participação de Servidores de Vinculação Técnica à DIRSAT em Eventos Externos. Estabeleceu um fluxo para autorização de atividades externas nas instituições governamentais e organizações da sociedade civil extremamente burocrático, com autorização somente pela DIRSAT que possui sede em Brasília (DF), impossibilitando, assim, a realização de atividades de socialização das informações e assessoria/consultoria técnica; e 5. Resolução nº 652 PRES/INSS, de 29 de maio de 2018, que reduziu o tempo de atendimentos das avaliações sociais para 30 minutos aos requerentes do BPC/pessoa com deficiência, sem fundamentação técnica e levantamentos que apontem para a viabilidade da atividade nesse curto espaço de tempo e prejudicando a população, vista a complexidade do perfil da população atendida e da avaliação a ser realizada.

## Resistência e luta — a resposta dos profissionais

As respostas dos profissionais a todo esse processo foram a RESISTÊNCIA e a luta, tendo com eixos norteadores: intervenção nos fóruns sindicais (destaque às plenárias FENASPS); intervenção no conjunto CFESS-CRESS; realização de Encontros Nacionais em defesa da Previdência e do Serviço Social do INSS, realizados em conjunto entre a FENASPS e o CFESS, em 2016 e 2018; participação em audiências no INSS e no Ministério do Desenvolvimento Social (MDS); organização de uma comissão nacional; produção de notas de orientação à categoria; realização de atos, manifestações, ocupações e intervenção do parlamento.

A exemplo do que ocorreu em 8 de maio de 2017, quando foi organizado um dia de lutas em defesa dos serviços previdenciários do INSS (Serviço Social e Reabilitação Profissional), houve um ato em frente ao Ministério do Desenvolvimento Social (MDS), que culminou com uma ocupação com os profissionais dos serviços e trabalhadores da base da FENASPS, ação essa precedida de atividades nos estados.[13]

No mesmo mês ocorreu uma importante audiência pública no Senado Federal,[14] cuja pauta foi o desmonte em curso dos serviços previdenciários do INSS. A audiência contou com a presença das entidades

13. Disponível em: http://nosdoinss.blogspot.com/2017/05/trabalhadores-as-da-base-da-fenasps.html. Acesso em: 12 abr. 2019.

14. Disponível em: http://nosdoinss.blogspot.com/2017/05/trabalhadores-as-em-audiencia-publica.html. Acesso em: 12 abr. 2019.

sindicais e da categoria/CFESS. Na ocasião, uma das palestrantes foi a colega Marinete Cordeiro Moreira;[15] aqui destacamos parte de sua fala:

> E aí a gente passa a perguntar por que um serviço que tem garantia em lei, como o artigo 88, como colocou a prof.ª Lucia Lopes, é tão difícil concretizar [...] **nós viemos aqui hoje para dizer, simplesmente, que o que queremos é trabalhar em paz e com qualidade, o que queremos é poder atender os nossos usuários cotidianamente com o respeito que eles merecem.** Não vê-los, como tentam muitas vezes na instituição, um viés de ver o usuário não como cidadão de direito, [...] aquele que tá indo lá para simular na perícia médica, para mentir na hora de compor o grupo familiar do BPC, e nós temos que dizer que nós queremos o Serviço Social sim, mas não pra ser condizente com esse tipo de ação, a instituição ela não é monolítica, ela pode ser hegemônica nesse momento, mas nós temos compromisso com o nosso fazer profissional, nós não queremos estar na instituição pra fazer qualquer fazer profissional.

Em 15 de setembro de 2017, uma minuta de proposta de regimento interno do INSS retirava o Serviço Social da estrutura do INSS. Essa proposta feria o princípio do ordenamento jurídico, visto que uma portaria não poderia desfazer a norma expressa de um decreto, no caso o Decreto nº 9.104/2017.

Mas uma vez, foi necessária a utilização da mobilização nacional, além de contatos com os parlamentares federais e apoio das entidades sindicais e da categoria para reverter o processo. Em decorrência desse amplo processo de mobilização, a categoria conseguiu audiência pública na Câmara dos Deputados que tratou da "Perspectiva de Extinção do Serviço Social no INSS".[16] A luta, naquele momento, foi vitoriosa, pois o INSS recuou, retirando da minuta a proposta que dizia respeito ao Serviço Social.

15. Assistente Social do INSS — APS Macaé (RJ).

16. Disponível em: http://nosdoinss.blogspot.com/2017/09/trabalhadores-as-do-inss-denunciam-na.html. Acesso em: 12 abr. 2019.

Nesse processo de resistência, é necessário destacar a organização dos profissionais que estiveram e participaram ativamente do XV CONFENASPS — Congresso Nacional da FENASPS —, realizado entre 26 e 29 de outubro de 2017. Os profissionais apresentaram uma carta explicitando a real situação pela qual o Serviço Social na Previdência passava: "Carta Aberta ao XV CONFENASPS". A carta foi aprovada na plenária do congresso por unanimidade; é importante também destacar que na eleição da nova diretoria da FENASPS, quatro assistentes sociais do INSS foram compor a direção para o triênio 2018/2021.

Em 2018, foi realizado mais um encontro dos profissionais do INSS. O evento precedeu os Encontros Estaduais entre fevereiro e maio de 2018 e ocorreu entre 26 e 27 de maio de 2018 em Brasília, organizado pela FENASPS e pelo CFESS. O encontro ratificou as bandeiras de luta em defesa dos serviços previdenciários do INSS e, ainda, realizou-se um ato na frente da Direção do INSS que foi duramente reprimido, visto que naquele momento quem estava na presidência do INSS de forma substituta era a diretora da DIRSAT; a notoriedade dos fatos foi publicada nas mídias do *Brasil de Fato*.[17]

## Novos cenários? O que nos aponta o momento atual

Primeiramente, destacamos que desde 2017 o INSS vem passando por alterações de fluxos e processos de trabalhos com a introdução de novas tecnologias que alteram o atendimento à população, bem como na estrutura dos serviços, a exemplo da introdução da modalidade "INSS Digital".

Essa realidade institucional rebate necessariamente nas atribuições desenvolvidas pelos profissionais de Serviço Social, que, nesse

17. Disponível em: https://www.brasildefato.com.br/2018/05/29/assistentes-sociais-sao-agredidos-por-segurancas-da-direcao-central-do-inss/. Acesso em: 12 abr. 2019.

momento, passa por um esvaziamento técnico e político sem precedentes na sua história de 74 anos. Acéfalo de gestão, pois está sem chefia técnica na Divisão de Serviço Social desde agosto de 2017, não consegue intervir na direção do INSS para apresentar projetos, uma vez que estava vinculado à DIRSAT de forma hierarquizada, sem qualquer tipo de autonomia para a gestão do serviço, com a diretoria e demais cargos ocupados por médicos peritos do INSS.[18]

A respeito dessa questão, Iamamoto realiza em conjunto com Carvalho um esforço para apreender a profissão nos marcos do projeto profissional de ruptura e aponta:

> Trata-se de um esforço de captar o significado social dessa profissão na sociedade capitalista, situando-a como um dos elementos que participam da reprodução das relações de classes e do relacionamento contraditório entre elas. Nesse sentido, efetua-se um esforço de compreender a profissão historicamente situada, configurada como um tipo de especialização do trabalho coletivo dentro da divisão social do trabalho peculiar à sociedade industrial (CARVALHO; IAMAMOTO, 1996, p. 71).

Nessa esteira, ainda sinaliza:

> Ora, o Serviço Social, como instituição componente da organização da sociedade, não pode fugir a essa realidade. As condições que peculiarizam o exercício profissional são uma concretização da dinâmica das relações sociais vigentes na sociedade, em determinadas conjunturas históricas (CARVALHO; IAMAMOTO, 1996, p. 75).

A autora, em 1999, assevera que "pensar o Serviço Social na contemporaneidade requer os olhos abertos para o mundo contemporâneo para decifrá-lo e participar da sua recriação" (IAMAMOTO, 1999, p. 19), bem como os demais destaques a seguir:

---

18. Art. 4: do Regimento Interno INSS/2017. Portaria n. 414, de 28/09/2017.

> Um dos maiores desafios que o Assistente Social vive no presente é desenvolver sua capacidade de decifrar a realidade e construir propostas de trabalho criativas e capazes de preservar e efetivar direitos, a partir de demandas emergentes no cotidiano (IAMAMOTO, 1999, p. 20).

> Mas é necessário, também, evitar uma outra perspectiva, que venho chamando de messianismo profissional: uma visão heroica do Serviço Social que reforça unilateralmente a subjetividade dos sujeitos, *a sua vontade política sem confrontá-la com as possibilidades* e limites da realidade social (IAMAMOTO, 1999, p. 22, grifos nossos).

Nessa perspectiva, é importante a reflexão de Silva (2011, p. 306):

> Não restam dúvidas de que, na literatura do Serviço Social, encontram-se exemplos de diluição de fronteiras entre a prática profissional e a militância político-partidária, com superdimensionamento do potencial político da profissão, à qual são atribuídas, muitas vezes, tarefas partidárias, ignorando-se as reais possibilidades do exercício profissional. Nesse sentido, Palma (1986, p. 163) adverte que "o Serviço Social não é uma forma disfarçada de realizar militância política".

Pelos elementos elencados de forma breve, percebe-se que ocorreu esgotamento do modelo em tela para os serviços previdenciários Serviço Social e Reabilitação Profissional, através do modelo da Diretoria de Saúde do Trabalhador (DIRSAT). Assim, é necessário debruçar-se nessa temática, a fim de buscar soluções e garantir a continuidade desses serviços ofertados pelo INSS, no sentido de garantir o atendimento à população brasileira.

Dessa forma, a tarefa é analisar a conjuntura e as correlações entre as forças estabelecidas, pois também se trata de manter espaço sócio-ocupacional. Sabe-se que será uma tarefa árdua, porque exigirá crítica, autocrítica, desapego e coragem para construir novos desafios.

Em cima desse nosso posicionamento e leitura da realidade, em reunião com a presidência do INSS,[19] o atual presidente expressou em sua fala:

> [...] e janela de oportunidade, pra gente criar algo que seja um novo INSS na era digital, essa é a grande janela de oportunidade [...] a gente precisa criar um projeto, um grande projeto que vocês se insiram, que vocês passam a ser um instrumento de um grande projeto, desapegar, desatrelar vocês de DIRSAT, de vocês saírem dessa situação [...] **no quadro atual é difícil disputar espaço [...] sair da DIRSAT para qualquer lugar é melhor do que ficar onde vocês estão, porque ali vocês estão vão perder sempre.**

Na ocasião, esse debate não ganhou forma nem expressão, até porque a direção do INSS não mais tocou nesse assunto. Em audiência ocorrida em fevereiro último (2019), o assunto foi retomado. A proposta coloca em pauta que os serviços previdenciários sejam deslocados para a Diretoria de Benefícios (DIRBEN), em virtude da saída do setor de perícia médica do INSS para a estrutura no Ministério da Economia, questão ratificada em audiência no INSS com a DIRBEN em 23 de março de 2018.

Já no 4º trimestre do primeiro ano do governo Bolsonaro, a carreira do Seguro Social e o Serviço Social do INSS sofrem mais um duro ataque editado na Medida Provisória (MP) nº 905, de 11 de novembro de 2019, que institui o Contrato Verde e Amarelo, precisamente no inciso XXII do artigo 51, permitindo a redistribuição dos servidores e também prevendo a extinção do Serviço Social do INSS. A categoria foi chamada à mobilização, sendo veiculado abaixo-assinado pela manutenção do Serviço Social Previdenciário com massiva adesão de assinaturas de toda a sociedade, além da apresentação da Medida Supressiva nº 90, que justificava e defendia a manutenção

19. A referida reunião ocorreu no dia 10 de julho de 2018.

do Serviço Social no INSS. A capilaridade de forças dos assistentes sociais do INSS junto aos órgãos representativos da categoria, entre eles, os seus sindicatos estaduais, a FENASPS, a CONASF (Comissão Nacional de Assistentes Sociais da FENASPS) e o conjunto CFESS/CRESS, foi fundamental para uma articulação precisa e incisiva com os parlamentares que aderiram ao apoio ao Serviço Social do INSS. Também, paralelamente, houve uma ampla denúncia à sociedade civil, obtendo-se apoio de movimentos sociais e da classe trabalhadora. No dia 20 de fevereiro de 2020, o relator acatou a Medida Supressiva, mantendo o Serviço Social no INSS. Vitória significativa, mas a luta é cotidiana, o que nos exige organização e coerência com os princípios elencados no Código de Ética da categoria.

## Considerações finais — eixos para reflexão

Ao propormos um final, necessário para o presente capítulo, a política sobre a qual nos debruçamos — política previdenciária — passa pela sua mais tenebrosa proposta de contrarreforma, desde a sua criação na década de 1920.[20]

A luta não é mais para garantir a permanência de um serviço, na estrutura organizacional da autarquia INSS; a luta é para preservar direitos tão duramente conquistados pela classe trabalhadora, é lutar por uma política pública, mesmo nos moldes capitalistas e de caráter contributivo.

O Serviço Social na previdência faz parte desse direito. No decorrer da luta por sua permanência na estrutura organizacional, desde o final da década de 1990 até os dias atuais, a sociedade civil, através das entidades sindicais, instituições públicas, organizações não governamentais, como também parlamentares e pessoas públicas se

20. Edição da Lei Eloy Chaves, em janeiro de 1923.

manifestaram e se manifestam em apoio e defesa desse direito, reconhecendo-o como um direito dos trabalhadores e das trabalhadoras que cotidianamente comparecem às Agências da Previdência Social na busca de informações e reconhecimento do direito previdenciário. *Esse reconhecimento se constrói na organização e na unidade da categoria, a exemplo da demonstração de força e capacidade de articulação com movimentos sociais e a sociedade civil, em meio ao cenário de várias perdas de direito da classe trabalhadora, empregada na MP nº 905/2019, quando o relator acata a emenda supressiva mantendo o Serviço Social no INSS.* O momento não é fácil, não nos enganemos, mas lutar por direitos numa sociedade tão desigual nunca foi fácil. Por isso, a luta e a resistência continuam, pois a história nos cobra isso e por enquanto não tem fim.

## Referências

BRAGA, Lea; CABRAL, Maria do Socorro Reis (org.). *Serviço Social na previdência*: trajetórias, projetos profissionais e saberes. São Paulo: Cortez, 2007.

CARVALHO, Raul de; IAMAMOTO, Maria Villela. *Relações sociais e Serviço Social no Brasil*: esboço de uma interpretação histórico-metodológica. São Paulo: Cortez, 1996.

IAMAMOTO, Maria Villela. *O Serviço Social na contemporaneidade*: trabalho e formação profissional. São Paulo: Cortez, 1999.

SILVA, Maria Lúcia Lopes da. Serviço Social no INSS: luta para garantir direitos e cidadania. *Revista Inscrita*, CFESS, ano II, n. V, dez. 1999.

SILVA, Maria Ozanira da Silva (coord.). *O Serviço Social e o popular*: resgate teórico-metodológico do projeto profissional de ruptura. São Paulo: Cortez, 2011.

CAPÍTULO 8

# Narrativas de sofrimento com resultados estatísticos negativos:

## relações de Trabalho e Saúde de Assistentes Sociais atuantes na Previdência Social no Brasil[1]

*Edvânia Ângela de Souza*
*Luís Anunciação*

## Introdução

Mudanças intensas no âmbito da gestão e organização do trabalho e da produção vêm ocorrendo em sociedades contemporâneas. Se, por um lado, é possível valorar como positivo o avanço das tecnologias da informação, microeletrônica e robótica, por outro, é também possível entender que isso tem acentuado a subordinação da força de trabalho

1. Registra-se que este texto foi inicialmente organizado na forma de artigo científico e apresentado à revista *Serviço Social & Sociedade* (SOUZA; ANUNCIAÇÃO, 2020), e, para este capítulo, procedeu-se à sua reelaboração.

a aspectos puramente financeiros. Assumindo esta última perspectiva, entende-se que estamos em um cenário no qual há um profundo movimento que admite a precarização das condições de trabalho e da vida social. Nas palavras de Antunes (2018), o *irracionalismo fetichizado* de nosso tempo impõe um mundo do trabalho informal e precário. Consequentemente, isso gera um trabalho marcado pela *uberização*, *walmarterização*, intermitência e *pejotização*, cujas oportunidades são escassas.

Mesmo que grupos de economistas e políticos repitam que no lugar das ocupações que se encerram em função das mudanças tecnológicas muitas outras surgirão, tanto a análise retrospectiva das mudanças do mundo do trabalho quanto o exame atual indicam a emersão de paradigma em que a redução da força de trabalho vivo poderá ocorrer em níveis inimagináveis. Assim, é preciso encarar que a iminência da 4ª Revolução Industrial (Indústria 4.0) representa um crível estágio superior do capitalismo, sem, contudo, indicar avanços para o trabalho e respectiva classe que vive do trabalho. Em outras palavras, o incremento da tecnologia e o trabalho informacional não significam necessariamente melhoria das condições de trabalho nem de vida de seus obreiros e obreiras.

É imperativo assinalar que o que está posto mostra exemplarmente dois processos já em andamento, quais sejam: 1) desemprego exponencial, acompanhado da acentuada precarização do trabalho; e 2) profunda reorganização dos direitos sociais e do trabalho, tornando-os quase inacessíveis. Os avanços da Ciência e da Tecnologia apropriados privadamente pelo capital resultam num falso consenso, no qual a linha mestra é que a geração de empregos apareça à sociedade como se fosse um favor do capital: "[...] afinal, ele não precisa mais de gente, são as pessoas que precisam da sua boa vontade" (VIANA, 2012, p. 52). Assim, os que conseguirem trabalho o farão a partir de contratos mais flexíveis e desprovidos de garantias trabalhistas.

Fato é que o trabalho profissional do Serviço Social é impactado, uma vez que o desemprego e a precarização do trabalho, somados a um quadro de restrição de direitos, influem diretamente nos níveis de renda da classe trabalhadora que, por sua vez, demandam mais serviços e políticas sociais, as quais vêm sofrendo inúmeros cortes e reorganizações, criando verdadeiras restrições para o acesso. Desse modo, o/a assistente social (AS) fica diante da demanda crescente por atendimento, apresentada a partir de relatos sensíveis e permeados de sofrimentos variados, que envolvem crianças, adolescentes, idosos, pessoas com deficiência, problemas de drogadição, de saúde, ordem de despejo etc., ao mesmo tempo que as possibilidades para o desenvolvimento do seu trabalho são tolhidas, haja vista os inúmeros cortes e a introdução de critérios cada vez mais seletivos para o atendimento, tal como vem ocorrendo na Previdência Social (PS). Além disso, as próprias condições de trabalho dos/as assistentes sociais também são impactadas.

Posto isso, o presente trabalho compõe um projeto maior intitulado *Processo de Trabalho e Saúde dos e das Assistentes Sociais que atuam nos Serviços de Seguridade Social no Brasil.*[2] Esse projeto possui como chave analítica o consumo da força de trabalho entendido como conceito pertencente ao campo Saúde do Trabalhador (ST), com raiz na área de Saúde Coletiva. Já no presente trabalho, tem-se como objetivo descrever e discutir o trabalho profissional de assistentes sociais que trabalham na Previdência Social no Brasil, bem como as informações acerca das suas condições materiais de trabalho, relações sociais e as repercussões psicossociais do trabalho.

## Método

Por ser tratar de uma parte de um projeto maior, o presente trabalho traz resultados selecionados e conta, como recurso metodológico,

2. O referido projeto conta com a participação de pesquisadores(as) de três universidades públicas: Faculdade de Ciências Humanas e Sociais (Unesp-Franca), Universidade Federal do Pará (UFPA) e Universidade Federal do Rio Grande do Sul (UFRGS), sendo as respectivas coordenadoras de cada região as professoras-doutroas Edvânia Ângela de Souza (Unesp-Franca), Vera Gomes e Daniela Castilho (UFPA), Jussara Mendes, Dolores Sanches Wünsch e Tatiana Reidel (UFRGS). Atualmente, foi submetido e aprovado na modalidade Bolsa Produtividade (PQ), tendo sido aprovado sob o n. 313708/2018.

com a autoaplicação de questionários e escalas, a realização de oficinas, de Grupos Focais (GF) e de entrevistas semiestruturadas com AS da PS. Outros resultados com enfoque na área da saúde já se encontram publicados (LOURENÇO *et al.*, 2019; LOURENÇO; ANUNCIAÇÃO, 2020). Pela abrangência metodológica, todas as análises são extensas e associadas às diferentes técnicas utilizadas.

O texto busca aprofundar os elementos do trabalho profissional de AS na PS por meio das entrevistas, GF e Oficinas. Já em relação aos dados estruturados, no total de 1.195 questionários respondidos por AS que atuam nos serviços da Seguridade Social. Desse total, 181 questionários se referem a AS que atuam na PS, considerando o período de março de 2014 a março de 2019. O questionário é amplo e permite compreender os dados sociodemográficos das participantes, as suas condições de trabalho, elementos do seu trabalho na PS e repercussões psicossociais.

Vale-se de entrevistas semiestruturadas com duas AS que atuam em uma Agência da PS, um Grupo Focal (GF) com AS de uma Gerência e que contou com a participação de sete AS que atuam em várias Agências daquela Gerência, bem como quatro Oficinas ocorridas em quatro Gerências diferentes, com uma média de 20 AS em cada uma dessas Oficinas. A coleta de dados qualitativos se restringiu às cidades do interior do estado de São Paulo e do estado de Minas Gerais. Nomes das AS entrevistadas e os locais de trabalho são omitidos. A análise do questionário é parcial e com enfoque nas relações Trabalho-Saúde, a partir de duas escalas: "Ajuste Organização Pessoa" (Ajuste OP), que faz parte de um conjunto maior de escalas relacionadas às condições de trabalho (BLANCH; SAHAGÚN; CERVANTES, 2010a); e a escala "Bem-Estar Laboral Geral", também utilizada de forma parcial, pela adoção das subescalas "Afetos e de Competências" (BLANCH *et al.*, 2010b; GOULART *et al.*, 2012), como já explicitado em estudo anterior (LOURENÇO *et al.*, 2019; LOURENÇO; ANUNCIAÇÃO, 2020).

Para as análises estatísticas das referidas escalas, inicialmente, a base de dados foi verificada para detecção de possíveis inconsistências e dados anômalos. Pela quantidade baixa de *missing cases* (< 5%) e pela alta consistência interna (Alfa de Cronbach padronizado = 0,92 na escala de Afetos e 0,95 na Escala de Competências), nenhuma técnica de imputação foi realizada. As variáveis que compõem os instrumentos padronizados foram apresentadas por média, desvio padrão (DP) e valores totais. Os itens do questionário de saúde foram calculados pelas proporções de presença/ausência. Para medir a consistência interna das escalas, o Coeficiente Alfa de Cronbach foi implementado. Análises correlacionais foram exploradas a partir do Coeficiente Produto-Momento de Pearson, enquanto modelos lineares para variáveis independentes categóricas (ANOVA de uma via) foram construídos para investigar os possíveis efeitos de fatores sociodemográficos nos resultados obtidos. Optou-se pela utilização de técnicas paramétricas em função do Teorema Central do Limite, que assegura que, independentemente da distribuição em questão, a distribuição da média amostral se aproximará do Modelo Normal, à medida que o tamanho da amostra aumenta. As comparações pareadas tiveram seu valor de P ajustado pelo método de Bonferroni. Estipulou-se nível de significância de 0,05 para rejeição da hipótese nula nos testes de hipótese. As análises foram realizadas no software R 3.5, com os pacotes *tidyverse* (WICKHAM, 2016).

## O trabalho profissional do Serviço Social na Previdência Social

Há um efeito perverso entre a base legal que constitui os direitos sociais e a sua efetividade prática, uma vez que faltam financiamento e interesse político para o seu real desenvolvimento. A partir da Constituição da República Federativa do Brasil (CF/1988), quando há inclusão da PS como parte da Seguridade Social, há um avanço no campo dos direitos sociais, do trabalho, civis, políticos e humanos, inclusive no âmbito da PS, pois foi garantido o direito previdenciário ao trabalhador rural, à pessoa com deficiência e à agricultura familiar como segurados especiais, assim como os benefícios socioassistenciais para o idoso e deficientes pobres, contudo, avançaram também as medidas de restrição a esses direitos que tinham acabado de ser garantidos, a exemplo da contrarreforma da PS ocorrida por meio da Emenda Constitucional nº 20, aprovada em 1998. Se faz mister registrar que desde então a PS vem sofrendo intensas contrarreformas ou medidas regressivas de direitos (LOURENÇO; LACAZ; GOULART, 2017).

Consoante ao processo de Reconceituação do Serviço Social, assistentes sociais da PS buscaram garantir que os fundamentos do seu trabalho, seus objetivos, suas funções e práticas estivessem em consonância com o projeto ético-político da profissão, conforme consta no documento "Matriz Teórico-Metodológica do Serviço Social" (BRAGA; CABRAL, 2007), comprometido com os direitos sociais e fundamentado nos princípios democráticos.

No início de 1999, o governo federal extinguiu o Serviço Social da PS, dissolvendo a Divisão de Serviço Social em Brasília, órgão responsável pela coordenação das ações do Serviço Social na PS.

Com a extinção do Serviço Social Previdenciário, foram necessárias muitas lutas protagonizadas pelas assistentes sociais que permaneceram na PS e pelos organismos coletivos da profissão, tais como Conselho Federal de Serviço Social (CFESS) e Associação Brasileira de Ensino e Pesquisa em Serviço Social (ABEPSS), e o envolvimento de muitas instituições e órgãos diversos da sociedade para que o Serviço Social fosse incluído novamente na estrutura do INSS, o que ocorreu a partir do Decreto nº 5.870/2006 (BRAGA; CABRAL, 2007); justificados, sobretudo, em decorrência da necessidade de avaliação social para o Benefício de Prestação Continuada (BPC).

> [...] o maior movimento pelo retorno do Serviço Social na Previdência teve a importância do Serviço Social do INSS como um todo, de assistentes sociais internos na Previdência, mas também das entidades que representam a defesa do direito do segurado, do usuário, da pessoa com deficiência, né? [...] (Oficina 3, AS, PS-SP, 2017).

Assim, o Serviço Social só retorna para o organograma da PS a partir de lutas sociais e jurídicas, uma vez que o BPC exige a avaliação social, atividade precípua do/a AS, o que contribui para o retorno da profissão para o espaço sócio-ocupacional da PS, em 2009, quando muitas Agências já nem contavam mais com o trabalho profissional do Serviço Social, e aqueles/as que permaneceram

> estavam realocadas em serviços como o PEP, que é de Educação Previdenciária; o serviço de Reabilitação Profissional e na Coordenação do BPC, e algumas também na gestão de pessoas no RH (Entrevista Coletiva, AS, PS-SP, 2018).

Dessa maneira, a partir de 2009, quando do retorno de AS para as Agências da PS

> começou no zero, estruturando o serviço, até a própria estrutura física que não existia, porque não tinha mais espaço para a assistente social atuar (Entrevista Coletiva, AS, PS-SP, 2018).

A partir de 2016, quando houve o golpe jurídico, midiático e parlamentar que ascendeu Michel Temer (MDB) ao poder, houve intensa retomada da retirada dos direitos e, no que diz respeito ao Serviço Social na PS, novamente foi proposta a sua extinção por meio de Minuta que substitui Serviço Social por Avaliação Social.

> Não foi retirado do organograma, a divisão continua lá, lá em Brasília, estamos subordinados à Diretoria de Saúde do Trabalhador, que tem a Divisão do Serviço Social e a Divisão de Reabilitação Profissional, que está junto da Diretoria de Saúde do Trabalhador. A Divisão de Serviço Social ela continua existindo no organograma da Previdência, no entanto, não tem mais chefia, não tem uma pessoa nem um Chefe da Divisão. Então, na verdade só tem alguns funcionários lá que trabalham no sentido... O que foi tirado do organograma foram as superintendências..., a nossa é de São Paulo, a Superintendência 1, nas superintendências também tinha um cargo dentro da sessão de Saúde do trabalhador, que era o representante técnico de Serviço Social, então, esse cargo

foi extinto, na verdade, quando passou para o governo Temer, começou um desmonte das diretorias, mudaram as pessoas, os diretores e quando mudam as pessoas, mudam as ideologias e aí começou esse processo de desmonte do Serviço Social, inclusive novamente, nesse momento, é um novo processo de desmonte do Serviço Social (Entrevista Coletiva, AS, PS-SP, 2018).

Eu vejo assim, nesses seis anos que estou na Previdência, esse é o momento mais crítico que a gente está vivendo em todos os sentidos e para o Serviço Social, vamos conseguir reinventar ou sobreviver? Há um desmantelamento e não sei até onde vai os funcionários públicos, enquanto autarquia, porque estamos caminhando para uma extinção, o teletrabalho é um exemplo (Grupo Focal 1, AS, PS-SP, 2019).

O que parece ficar evidente é que o espaço sócio-ocupacional do Serviço Social na PS é desde sempre um campo de luta para a garantia de direitos e, em especial, para o Serviço Social se manter nessa Instituição, uma vez que as medidas neoliberais adotadas têm sido no sentido de retirar direitos, em consequência, isso afeta o Serviço Social em particular por sua atuação estar intimamente relacionada à garantia de direitos.

É importante ter em mente que tais mudanças não são apenas de caráter técnico ou gerencial sem maiores repercussões para o cotidiano das Agências e do trabalho profissional, mas são também uma navalha que fere na carne tanto os cidadãos e cidadãs quanto os/as funcionários/as públicos/as como um todo. Esse desmonte traz consequências importantes para o trabalho profissional do Serviço Social na PS, em especial na sua limitação, pois se vislumbram ao menos duas tendências: 1) a eliminação das Superintendências e da referência técnica de Serviço Social no âmbito previdenciário implica sua maior exposição às gerências, que, via de regra, desconhecem o trabalho profissional e imputam o fazer mais burocratizado; 2) no bojo da redução dos horizontes no que diz respeito aos direitos previdenciários, há um processo em andamento que empurra parte da classe trabalhadora para a previdência privada, e para os que se mantiverem vinculados ao sistema público, propõe-se um sistema enxuto quanto aos direitos garantidos e organizados, na sua maior parte, via *on- line*, como já se encontra em andamento o projeto piloto para o teletrabalho na Previdência. São mudanças dentro do espaço possível dos avanços tecnológicos, pressupondo a redução de força de trabalho vivo nos serviços previdenciários. Para complexificar o cenário, deve-se lembrar que ampla maioria da classe trabalhadora tem baixíssima escolaridade e dificuldade de acesso aos serviços ofertados pelo sistema *on-line*. Assim, todas essas medidas só encontram validade de ser, de certa forma, no próprio afastamento das pessoas das Agências da PS, imanente ao próprio sistema previdenciário.

Hoje a pessoa já não consegue informações de tempo de contribuição na Agência, ela tem que fazer no site, no *Meu INSS*, agora para ela saber as regras para ela se aposentar, se ela se enquadra ou não, ela terá que ler a legislação, ou seja, ela não vai mais receber as orientações no INSS, ela tem que buscar no site. Se é uma pessoa que não consegue ler ou se lê, mas tem dificuldade de compreender tudo isso, fica complicado porque ela terá que saber a legislação (Grupo Focal 1, AS, PS-SP, 2019).

Ora, para tal acontecimento, embora altamente importante para compreender o desmantelamento da PS tal como a conhecemos, não se tem espaço para discuti-lo de forma mais aprofundada neste texto, entretanto o teletrabalho e o *Meu INSS* são mecanismos que desvinculam todo atendimento feito nas Agências, transferindo-o para o sistema *on-line*. Lembre-se de que também vem sendo implantado o *E-Social*, que permite amplo cruzamento de dados das informações dos segurados. Tais agenciamentos levarão o sistema de PS a uma nova configuração que, como bem exposto pelo depoimento, caminha para a extinção da autarquia previdenciária.

O impacto foi esse, mudança de diretorias... que impacta na forma como o trabalho é gestado, pensado e autorizado, e impactou que nós perdemos esse cargo, nós perdemos muito a autonomia..., hoje, o que nós sentimos que, na

> correlação de força, a perícia médica acabou ganhando mais espaço e mais força, e é uma parcela... porque assim a perícia médica do INSS tem uma parcela na perícia médica que tem uma ideologia e outra que tem outra, e essa parcela da perícia que tem uma ideologia mais conservadora é que está no poder agora, antes quem estava no poder tinha uma visão de até da própria perícia médica no sentido mais multidisciplinar, ele enxergava mais... não era um modelo muito biomédico, defendia mais o modelo biopsicossocial, hoje, voltou ao poder quem defende mais o modelo biomédico, isso interfere muito no nosso trabalho, é do Serviço Social (Entrevista Coletiva, AS, PS-SP, 2018).

> A nosso ver o Serviço Social deveria ser bem mais amplo no sentido do atendimento ao segurado em todos os benefícios em si, principalmente na questão socioeducativa de levar até o cidadão o conhecimento dos seus direitos e deveres, mas isso não ocorre no dia a dia devido às tarefas administrativas que nos são demandadas e que nem são do Serviço Social, mas a gente acaba tendo que fazer em função também do quadro de funcionários que está cada vez mais se extinguindo. Pra você ter uma ideia só esse ano vamos perder mais de 11 mil servidores... Vamos perder não, já estamos perdendo devido às aposentadorias que estão ocorrendo (Grupo Focal 1, AS, PS-SP, 2019).

Veja-se, pois, pelos depoimentos que o processo é mais amplo que a extinção do Serviço Social da estrutura ou organograma da PS, o projeto em curso do atual governo de Jair Bolsonaro, como amplamente abordado neste livro, e que também comparece nas entrevistas que temos feito, é a destruição da Previdência, tal como a conhecemos.

No tocante à análise do trabalho profissional do Serviço Social na PS, considerando a exclusão do Serviço Social da PS, em fins dos anos de 1990, e a retirada das chefias diretas e superintendências do Serviço Social em 2016 e, na atualidade, a proposta de contrarreforma da PS em curso e a interação do acesso ao sistema via estrutura *on-line*, como relatado nos depoimentos, por um lado, criam-se dificuldades das condições materiais e de infraestrutura para o acesso a direitos e benefícios previdenciários e, por outro, há uma interação direta com o trabalho profissional do Serviço Social que para operar enfrenta uma nova, mas contínua, interação de conflitos entre o seu projeto ético-político, pautado na defesa intransigente dos direitos, e uma contraditória imposição de normas explícitas e implícitas, numa estrutura que se assenta no não direito e em um conjunto de disposições de condutas de normas enunciadas pela sua disposição em sistema *on-line*. Isso nos leva a imaginar uma perspectiva crítica às contradições, já que todo esse processo de inovações tecnológicas e medidas restritivas de direitos implicaria, necessariamente, não a estabilidade da PS e respectivos direitos, mas a destruição do sistema atual, vale repetir.

Há que se considerar ainda que já se encontra em curso uma contrarreforma da Previdência, a qual vem sendo efetivada por meio da Medida Provisória nº 871, de 19 de janeiro de 2019, convertida em Lei n. 13.846, de 18 de junho de 2019 (CASTELANI, 2019), que busca realizar intensa economia com benefícios previdenciários tidos como "fraudulentos" ou "irregulares". Para fazer garantir o ideal do "pente-fino" contra a população beneficiária e não contra os grandes devedores da PS, o governo de Jair Bolsonaro garantiu o pagamento de bônus a funcionários e médicos peritos para a revisão dos benefícios.

É importante informar que esse processo já havia sido iniciado pelo governo de Michel Temer, desde julho de 2016 até 31 de dezembro de 2018, quando os peritos da PS examinaram 1,18 milhão de benefícios de auxílio-doença e aposentadorias por invalidez, gerando um total de 452,3 mil cancelamentos, incluindo os cancelamentos por morte, não comparecimento à perícia ou por decisão judicial (CASTELANI, 2019). Segundo a reportagem: "O processo gerou uma economia de R$ 14,5 bilhões com revisões de auxílios. É mais do que o triplo dos R$ 4,3 bilhões que a gestão de Temer calculava deixar de gastar ao longo de cerca de dois anos de revisões" (CASTELANI, 2019).

Jair Bolsonaro, já nas semanas iniciais do seu mandato de Presidente da República, instituiu regramentos para manter as revisões, com pretensões de abrangência também para os Benefícios de Prestação Continuada (BPC), pensões por morte, benefícios por invalidez, aposentadorias rurais e auxílios-reclusão. "A expectativa é que as novas regras possam gerar uma economia de R$ 9,3 bilhões em um ano, já descontados os pagamentos dos bônus" (BRIGATTI; MUZZOLON, 2019). Enquanto a população mais pobre sofre com as medidas regressivas para o acesso aos direitos previdenciários, empresários e grandes devedores da PS seguem incólumes, ou seja, não há nenhuma ação do governo para cobrar as dívidas.

> Se a intenção é corrigir fraudes, certamente, teriam outras medidas e não a mudança na Lei, a mudança na Lei visa tão somente reduzir o direito da população, por exemplo, a carência para o salário-maternidade, antes da Medida a carência era de 10 meses quando a pessoa perdia a qualidade de segurado, ela readquiria a qualidade pagando só um terço e se ela retomasse à qualidade de segurado e se ela cumprisse cinco contribuições, ela já teria o tempo mínimo para solicitar o benefício, só que agora ela tem que contribuir por dez meses. Isso é para salário-maternidade, auxílio-doença e reclusão (Grupo Focal 1, AS, PS-SP, 2019).

Em consideração à estratégia atual, vê-se que o Serviço Social insiste na necessidade crítica de se posicionar constante e diariamente na defesa dos direitos e do trabalho profissional pautado no seu projeto ético-político, o que por si só implica inquietante ingerência da gestão que incorre sobre as agendas, ou melhor dizendo, na definição do "fazer" profissional cotidiano, o que se torna um fenômeno tenso vivenciado pelas profissionais, uma vez que se articula na burocratização do trabalho e na nova racionalidade dos cortes de benefícios, bem como na imposição da atuação profissional no programa de Reabilitação Profissional e na análise de processos.

As entrevistas com as AS demonstraram as dificuldades na condução do trabalho com maior autonomia, sobretudo para a atividade de socialização de informações coletivas, que são atividades externas realizadas na rede de serviços e inclusive em penitenciárias. Durante o desenvolvimento deste projeto de pesquisa, constataram-se algumas experiências realizadas pelas AS junto aos presídios, sobretudo femininos, cujas atividades constituíam-se em atividades educativas e de socialização dos direitos previdenciários, mas também na análise da situação daquelas pessoas, sendo relatado que inúmeras pessoas, apesar de terem o direito de seguradas pelo sistema previdenciário, não obtiveram o direito ao auxílio-reclusão devido à desinformação, sendo de fundamental importância a socialização das informações.

[...] aqui, nós atendíamos aproximadamente 70/75 vagas mensais, e essas vagas eram todas ocupadas, porque a pessoa chega e tem dúvida e quer falar com a assistente social, se tinha horário, agendava. Só que isso vem sendo cortado, porque a gente assumindo a Reabilitação Profissional essas vagas caíram de 70/75 para 15 vagas mensais, então, quer dizer, você não atende ninguém, 15 vagas é ridículo, você dizer que uma Agência que atende uma população de mais de 500 mil pessoas, porque só da cidade é mais de 300 mil, mas tem o entorno dela, então, ao todo são mais ou menos 500 mil pessoas referenciadas a essa Agência, assim, 15 vagas mensais acabam em uma semana, as pessoas ficam sem esse atendimento, o próprio servidor não sabe como orientar as pessoas aqui, e fica naquela: "vai ter ou não vai ter? O que eu faço?" simplesmente foi feito desta forma, nós tentamos argumentar tudo isso e nós não conseguimos sequer com a nossa assessoria técnica que é da área do Serviço Social, que fica na Gerência... (Entrevista Coletiva, AS, PS-SP, 2018).

AS têm relatado pouca autonomia para conduzir o seu trabalho, em razão especialmente de receberem imposições das chefias quanto ao trabalho a ser realizado, por exemplo, a definição pela gerência de apenas um dia, na Agência, para o trabalho específico do Serviço Social, o que representa prejuízo das ações, em especial, para as atividades de socialização das informações, as quais foram muito reduzidas, sobretudo, as socializações externas às Agências, tal como é o trabalho em rede. Trata-se de um processo fundado na restrição de autonomia profissional, o que fere essencialmente o trabalho criativo e satisfatório, donde se vê nos discursos a frustração com o trabalho.

Comigo se passou o seguinte, teve uma reunião em São Paulo e a chefe de benefício falou o trabalho de vocês não aparece, a gente tem um monte de processos represados. Na nossa Gerência temos quase mil BPC, daí o que ela falou: "Todo mundo terá que fazer análise". Todo mundo do Serviço Social, mas não dá para todas fazerem análise, tem assistente social na reabilitação, tem também a participação em outros programas, então, não dá para todas fazerem análises. Só que aí tem outro problema, o processo para chegar até a gente tem que ser finalizado pelo administrativo, que não finaliza, então, não chega até nós. Isso porque o administrativo tem outras prioridades, como aposentadorias para fazer, mas se ele não finaliza, a gente não faz. Vou te falar uma coisa, nessa semana inteirinha, hoje é sexta-feira, não teve nenhuma avaliação social. Então, aqui na Agência nós estamos em duas, daí eu tive que assumir isso, porque, de fato, não tem avaliação social para as duas, como já falei, tem processos parados, mas o administrativo não finaliza, às vezes, tem uma demanda espontânea. Mas, enfim, eu fui para análise, a gente chama de portariada, eu fui portariada, assim, eu não atendo mais, não tenho mais nenhuma relação com o segurado. Eu chego aqui e vou lá para a retaguarda, comecei agora, só finalizo os processos para que eles possam chegar para o Serviço Social fazer a análise social (Grupo Focal 1, AS, PS-SP, 2019).

Um caso que considero sério é a reabilitação, por exemplo, um motorista que tem, às vezes, um salário bom, mas tem uma baixa escolaridade. Você diz para ele: "Você vai escolher um curso para você mudar de profissão". Mas ele diz: "Quanto tempo eu tenho isso?" Você diz: "Em seis meses". Daí ele fala: "Mas pera aí, eu vivi a vida inteira como motorista, eu tenho paixão pela minha profissão". Então, é muito complicado você lidar com isso, enquanto assistente social, eu me coloco no lugar dele, se me dessem seis meses para mudar de profissão, para onde eu iria correr? Que curso eu faria em seis meses para ficar qualificada para o mercado que é extremamente exigente e cruel? [...] então, é muito complicado você fazer parte deste processo... (Oficina 1, AS, PS-MG, 2016).

A respeito do trabalho profissional do Serviço Social na PS, observa-se que a sua burocratização, o desvio de função e a participação no programa de Reabilitação Profissional são marcados pela ingerência e por imposições das Gerências e das Agências para o desenvolvimento deste trabalho sem diálogos com as profissionais, consideram-se também as desigualdades sociais e regionais que permeiam as Agências, mas também a tradição autoritária e centralizadora do INSS.

A respeito do nosso trabalho, a gente observa que as exigências para as assistentes sociais é o BPC, é a reabilitação, a LC 142, aí, você acaba não tendo tempo para fazer a socialização das informações. A gente também acaba estando nesta lógica do adoecimento porque já não nos reconhecemos na nossa atuação. Já não temos como questionar a nossa atuação, porque a gente não tem noção do que eles estão discutindo em Brasília, o que chega para gente é uma demanda, que se torna muito difícil resistir porque a resistência tem que ser coletiva. A gente sozinha não dá conta de falar: "Não vou fazer reabilitação"; "não vou fazer isso", ou me dedicar à real função do Serviço Social... a gente está sendo meio que sucumbido por essa demanda e a gente adoece também. A gente percebe algumas angústias, cada um no seu momento individual sofre as pressões de medo, de angústia e tudo isso (Oficina 2, AS — PS-MG, 2016).

## Perfil das AS da PS e a relação trabalho-saúde-doença

Como já especificado, para este texto, foram selecionados os trechos dos depoimentos que permitem a compreensão do trabalho profissional do Serviço Social na PS e, também, foram selecionados dados estatísticos referentes aos dados sociodemográficos e às repercussões psicossociais do trabalho, a partir das informações dadas às escalas "Ajuste Organização Pessoa" (Ajuste OP) e "Bem-Estar Laboral Geral".

O grupo amostrado é composto por 181 AS, 15,1% do total de participantes, sendo 89% mulheres,[3] autoidentificadas heterossexuais, e 11% homens, 53% heterossexuais. Em relação à cor, 60,2% se autodeclararam brancas e 66,3% afirmaram professar alguma fé/religião. A faixa etária mais frequente foi a de 31-41 anos (60,8%); 79% apresentam

3. Como há predomínio de AS do sexo feminino, a partir de agora se fará uso das participantes no feminino.

alguma pós-graduação, sendo 61,3% especialização, 14,4% mestrado e 3,3% doutorado.

Mais da metade da amostra (52%) trabalha 30 horas semanais, tendo um vínculo de trabalho (74,6%). Cerca de metade das AS participa do CRESS (48,6%) e 53,6% é sindicalizada. Das informações salariais e de renda, AS majoritariamente informaram de cinco a seis salários mínimos mensais (71,1%), o que perfaz uma renda entre R$ 4.990 e R$ 5.988, devendo considerar que o salário é composto na sua maior parte do cumprimento de metas, não sendo informado se as respondentes informaram o salário com ou sem os valores referentes às metas.

Em relação às condições de infraestrutura para a realização do trabalho, 82,3% têm sala individual e 48,6% indicam que possuem também sala para atividades em grupo. Das participantes, 71,8% indicam que possuem privacidade para atendimentos e 71,3% indicam que a mobília é boa/adequada às necessidades. Ainda, 97,2% relatam que possuem computador e 95,6% indicam que também têm acesso à internet, sendo 89,5% do acesso restrito. No que diz respeito à interferência no trabalho, 36,7% afirmam que isso ou não existe ou que existe apenas raramente, enquanto 32,2% declaram que isso ocorre às vezes e 31,1% afirmam que recebem alguma interferência.

Em relação aos valores obtidos pela Escala de Bem-Estar no trabalho, na *subescala Afetos*, que apresenta uma série de dez sentimentos (insatisfação, insegurança, intranquilidade, impotência, mal-estar, desconfiança, incerteza, confusão, desesperança e dificuldade) para serem valorados pelas participantes, considerando as notas de um a sete, sendo que quanto mais baixa a nota, menor é a identificação com o sentimento indicado (BLANCH *et al.*, 2010b), no geral os resultados foram baixos e nenhuma característica acessada pela escala teve valor médio igual ou superior à mediana (quatro). Uma vez que valores baixos apontam para baixa magnitude/intensidade da presença do afeto, é possível arguir que as AS da PS não mostram insatisfação, insegurança nem outras características afetivas negativas em relação à atual experiência de trabalho. Esses resultados vão em direção similar aos encontrados nos trabalhos anteriores (LOURENÇO *et al.*, 2019).

De maneira similar, os resultados da Escala de Bem-Estar no trabalho, na *subescala Competências*, igualmente com uma lista de dez sentimentos (insensibilidade, irracionalidade, incompetência, imoralidade, maldade, fracasso, incapacidade, pessimismo, ineficácia e inutilidade) (BLANCH *et al.*, 2010b), também foram baixos e inferiores à mediana. Dessa forma, sugere-se que as AS também não vivenciam condições relacionadas à maldade, ao fracasso nem à inutilidade em seu ambiente de trabalho.

Em sentido parcialmente oposto aos achados até o momento, os sintomas relacionados a condições adversas de saúde foram frequentes. Por exemplo, os dados apontaram que 86% das participantes relataram ter cansaço, 83% relataram algum tipo de ansiedade ou nervosismo e 75% se sentem tensas. Em outra direção, relatos de choro com facilidade, tonturas, alteração na voz ou de pressão também comparecem, embora em menor proporção, sendo 38%, 27% 17% e 19%, respectivamente. É importante alertar que não é possível atribuir essas condições diretamente ao trabalho, dado que os resultados de ambas as escalas sugerem que as AS estão adaptadas em seu ambiente laboral, e a análise correlacional apontou uma associação fraca entre a subescala de Afetos e os sintomas de saúde ($r = 0,28$; $p < 0,01$) e entre a subescala de Competências e os sintomas de saúde ($r = 0,3$; $p < 0,01$).

Para investigar o possível efeito da carga horária trabalhada e da faixa etária da AS, utilizou-se uma ANOVA (Análise de Variância) de uma via. Foi possível concluir que a carga horária não é significativa nem nos resultados da Escala de Afetos ($F(2, 160) = 0,82$; $p < 0,44$), nem nos resultados obtidos pela Escala de Competências ($F(2, 160) = 0,89$; $p = 0,41$). A faixa etária, por sua vez, apesar de não ter efeito significativo na Escala de Competências ($F(3, 170) = 0,95$; $p = 0,42$), teve efeito significativo na Escala de Afetos ($F(3, 170) = 3,2$; $p < 0,03$). A comparação pareada permitiu concluir que as participantes entre 53 e 63 anos, quando comparadas àquelas com 42 a 52 anos, apresentam menor valor médio ($\delta = -12,6$; $p = 0,04$) no que diz respeito aos afetos.

## Conclusão

Avaliar fenômenos psicológicos e sociais é uma atividade complexa que envolve diferentes estratégias. Combinar resultados obtidos por instrumentos padronizados e normatizados com informações mais livres, dinâmicas e detalhadas, obtidas por técnicas de entrevistas e GF, permite uma compreensão maior do fenômeno estudado, bem como explorar o alcance, as vantagens e as eventuais limitações que cada uma das ferramentas científicas possui.

Em relação às escalas utilizadas, os resultados indicaram que AS não apresentam características negativas em seus afetos, bem como não percebem que o ambiente laboral em que estão inseridas lhes é insensível ou imoral. Nesse sentido, tal como argumentam alguns autores que pesquisam a relação entre trabalho e adoecimento psicológico, o ambiente laboral pode ser entendido como fator protetivo à saúde mental. Em oposição, os sintomas de prejuízo de saúde são frequentes, apesar de pouco associados às eventuais condições negativas encontradas nas escalas.

Em outro sentido, os achados obtidos pelas entrevistas e grupos focais trazem outro cenário de interpretação, como se lê:

> A gente deixa de ser assistente social. É isso que angustia, na verdade, o que parece que está posto para o Serviço Social, é uma árdua e onipotente tarefa de encontrar tempo, motivação e disposição para reflexionar e contextualizar não só o processo produtivo que adoece, mata e explora, expropria, mas também encontrar alternativas para transformar esses processos em felizes, criativos... nós temos que repensar o nosso próprio processo de trabalho alienante, infeliz, e tentar fazer dele um trabalho feliz, criativo, um trabalhador social, exatamente, isso que nos é retirado e, por isso, essa angústia toda, esse adoecimento que não é visível, depressão não é visível, até que a gente consiga arrancar um braço e falar: "eu estou triste, eu quero morrer". Arranco um pedaço de braço, até que consigo acabar de uma vez com isso, Freud diz que há uma intenção, mas não há coragem para acabar com isso de uma vez. Acaba com o tesão do trabalhador (Oficina 1, AS, PS-MG, 2016).

O depoimento mostra o anverso das informações dadas às escalas e obtidas sob a análise estatística, e evidencia as repercussões psicossociais do trabalho de AS na PS. Os depoimentos recriam as condições de trabalho, evidenciando-se em um tipo de sofrimento mudo, invisível e que não se materializa propriamente em uma patologia, mas revela um tipo de morbidez marcada pela angústia e pela luta para transformar o trabalho em criativo e bem-feito. Esse caráter fundamental tem incidência nos dados estatísticos, pois a positividade no trabalho pode ser vista mais como o resultado de um esforço vigoroso para transformar as condições atuais de trabalho, e não as reais condições propriamente ditas.

Nesse sentido, parece que há uma dificuldade de as AS analisarem suas condições de trabalho e saúde nos instrumentos que foram construídos para tal finalidade, no caso as escalas de afetos e competências, cujas médias indicaram a positividade do trabalho. O item interferência da gestão no trabalho profissional ficou em torno de 32% para interferência; para 31%, isso ocorre às vezes; e para 32%, não ocorre interferência. Todavia, 86% das participantes relataram ter cansaço, 83%, ansiedade ou nervosismo, 75%, tensão e 38% relataram chorar com facilidade.

Tais situações podem ter ganhado força nos ambientes criados especificamente para interação. Ao realizar entrevistas, GF e Oficinas, o conteúdo das informações revelou que as relações de trabalho mantêm profunda simbiose com os sintomas de saúde ora evidenciados, pois há um cansaço generalizado. Durante as entrevistas, pôde-se visualizar um sofrimento que beira a um mal-estar coletivo no trabalho diante da redução das atividades próprias do Serviço Social, da mudança do padrão de atividades para aspectos mais burocráticos e de inserção no programa Reabilitação Profissional, além do convívio com os cortes de benefícios e iminente destruição do sistema de PS tal como a conhecemos. Deve-se também considerar como aspecto de primeira ordem que esses resultados estão subordinados ao jogo de forças e interesses fulcrais da gerência, além de determinados pela Instituição e mediados pelos fenômenos políticos e econômicos.

A literatura frequentemente aponta que é esperado que técnicas diferentes gerem resultados diferentes (BAZELEY, 2009). Se, por um lado, a combinação entre todas as técnicas permite explorar as diferentes perspectivas que as participantes trazem durante a coleta de dados, por outro, é possível também que isso seja consequência de direcionamento em ambientes em que interações podem ocorrer, como é o que acontece em entrevistas e GF.

Finalmente, uma vez que o presente trabalho é um recorte de um projeto maior, os resultados são parciais. No entanto, os achados aqui encontrados fornecem elementos para a continuidade do debate acerca das condições de trabalho e saúde das AS que atuam na PS, bem como levantam questões metodológicas sobre resultados discrepantes que serão futuramente exploradas e debatidas.

## Referências

ANTUNES, Ricardo. *O privilégio da servidão*: o novo proletariado de serviço na era digital. São Paulo: Boitempo, 2018.

BAZELEY, Patricia. Integrating data analyses in mixed methods research. *Journal of Mixed Methods Research*, v. 3, n. 3, p. 203-207, 2009. Disponível em: https://doi.org/10.1177/1558689809334443. Acesso em: 15 jun. 2019.

BLANCH, Joseph M.; SAHAGÚN, M.; CERVANTES, G. Estructura factorial del cuestionario de condiciones de trabajo. *Revista de Psicología del Trabajo y de las Organizaciones*, v. 6, n. 3, p. 175-189, 2010a.

BLANCH, Joseph M. *et al.* Cuestionario de bienestar laboral general: estructura y propiedades psicométricas. *Revista de Psicología del Trabajo y de las Organizaciones*, v. 6, n. 2, p. 157-170, 2010b. Disponível em: http://scielo.isciii.es/scielo.php?script=sci_arttext&pid=S1576-59622010000200007#t1. Acesso em: 17 maio 2018.

BRAGA, Léa; CABRAL, Maria S. R. (org.). *Serviço Social na previdência*: trajetória, projetos profissionais e saberes. São Paulo: Cortez, 2007.

BRIGATTI, Fernanda; MUZZOLON, Paulo. Governo Bolsonaro prepara pente-fino em todos os benefícios pagos pelo INSS. *Folha de S.Paulo*, São Paulo, 6 jan. 2019. Mercado. Disponível em: https://www1.folha.uol.com.br/mercado/2019/01/governo-bolsonaro-prepara-pente-fino-em-todos-os-beneficios-pagos-pelo-inss.shtml. Acesso em: 15 mar. 2019.

CASTELANI, Clayton. Pente-fino do INSS corta mais benefícios que o previsto. *Folha de S. Paulo*, São Paulo, 9 jan. 2019. Mercado. Disponível em: https://www1.folha.uol.com.br/mercado/2019/01/pente-fino-do-inss-corta-mais-beneficios-que-o-previsto.shtml. Acesso em: 15 mar. 2019.

GOULART, Patrícia M. *et al.* Questionário de bem-estar no trabalho: estrutura e propriedades psicométricas. *Estudos de Psicologia*, v. 29, Supl. 1, p. 657-665, 2012.

LOURENÇO, Edvânia Ângela de Souza; ANUNCIAÇÃO, Luís. Narrativas de sofrimento e trabalho profissional do Serviço Social da previdência social em tempos de indústria 4.0. *Serviço Social & Sociedade*, São Paulo, n. 138, p. 215-241, ago. 2020.

LOURENÇO, Edvânia Ângela de Souza; LACAZ, Francisco Antonio de Castro; GOULART, Patrícia. Crise do capital e o desmonte da previdência social no Brasil. *Serviço Social & Sociedade*, São Paulo, n. 130, p. 467-786, set./dez. 2017.

LOURENÇO, Edvânia Ângela de Souza *et al.* Condições de trabalho de assistentes sociais da área da saúde e repercussões psicossociais. *Saúde e Sociedade*, São Paulo, v. 28, n. 1, p. 154-168, 2019.

VIANA, Silvia. *Rituais de sofrimento*. São Paulo: Boitempo, 2012.

WICKHAM, Hadley. *Tidyverse*: easily install and load "tidyverse" packages. R package version 1.0.0, 2016.

# Sobre os/as autores/as

**AILTON MARQUES DE VASCONCELOS (*IN MEMORIAM*)**, ex-assistente social do INSS (SP).

**ANA MARIA BAIMA CARTAXO**, professora aposentada da Universidade Federal de Santa Catarina (UFSC). Professora colaboradora do Programa de Pós Graduação em Serviço Social da UFSC.
*E-mail*: anacartaxo@uol.com.br

**ANDRESA LOPES DOS SANTOS**, assistente social do INSS, especialista em Psicopedagogia pela Universidade São Luís (SP).

**EDVÂNIA ÂNGELA DE SOUZA**, professora do Departamento de Serviço Social da UNESP (Franca), colaboradora do Programa de Pós-Graduação em Serviço Social e Políticas Sociais (PPGSSPS), com mestrado Acadêmico pela UNIFESP (Baixada Santista) e com pós-doutorado em Saúde Coletiva (PPGSC da UNIFESP).
*E-mail*: edvaniaangela@hotmail.com

**LEIDIANY MARQUES DE SOUZA**, mestre em Serviço Social pelo Programa de Pós-Graduação em Serviço Social (PPGSS) da Universidade Federal do Pará (UFPA) e assistente social do INSS em Belém (Pará).
*E-mail*: lmarquessocial@gmail.com

**LUÍS ANUNCIAÇÃO**, doutor em Psicometria, professor da Universidade Federal do Rio de Janeiro (UFRJ) e pesquisador da ANOVA — Estatística e Psicometria.
*E-mail*: luisfca@gmail.com

**LUÍS FERNANDO SILVA**, advogado graduado pela Universidade Federal de Santa Catarina; membro titular da Comissão de Direito Previdenciário do Conselho Federal da Ordem dos Advogados do Brasil; membro titular do Conselho Consultivo da Associação Americana de Juristas; pesquisador-colaborador da Escola Nacional de Saúde Pública da Fundação Oswaldo Cruz.
*E-mail*: fernando@slpgadvogados.adv.br

**MÁRCIA EMÍLIA RODRIGUES NEVES**, professora titular da Universidade Federal da Paraíba (UFPB) e pesquisadora do Grupo de Estudos e Pesquisas em Serviço Social e Política Social na Contemporaneidade (GEPSS-PPGSS-UFPB).
*E-mail*: marciaemiliaufpb@yahoo.com.br

**MARIA DO SOCORRO REIS CABRAL**, professora da Escola de Serviço Social da Pontifícia Universidade Católica de São Paulo (PUC-SP).
*E-mail*: helpcabral@hotmail.com

**RAQUEL FERREIRA CRESPO DE ALVARENGA**, assistente social aposentada do INSS e professora do curso de Pós-graduação em Direito Previdenciário do Centro Universitário de João Pessoa (UNIPÊ/PB).
*E-mail*: raquelfcalvarenga@gmail.com

**RIVÂNIA MOURA**, professora da Faculdade de Serviço Social (FASSO) da Universidade do Estado do Rio Grande do Norte (UERN).
*E-mail*: rivanialma@hotmail.com

**ROBERTA STOPA**, doutora em Serviço Social pela Pontifícia Universidade Católica de São Paulo (PUC-SP) e assistente social do INSS Ourinhos (São Paulo).
*E-mail*: stoparoberta@gmail.com

**SARA GRANEMANN**, professora-associada da Escola de Serviço Social da Universidade Federal do Rio de Janeiro (UFRJ) e bolsista PQ 2 do CNPq.
*E-mail*: sgranemann@tutanota.com

**GRÁFICA PAYM**
Tel. [11] 4392-3344
paym@graficapaym.com.br